Advocatus diaboli

Familienrecht in Lied und Dichtung

Geschichten und Lieder juristisch beleuchtet

Titelcartoon: © Hans Biedermann

© 2001 by Advocatus diaboli
Herstellung: Books on Demand GmbH
ISBN 3-8311-1078-6

Den großen Leuten, die nicht vergessen haben,
daß sie einmal Kinder waren.
Den anderen, daß sie sich wieder daran erinnern.

Vorwort

Ist es nicht bezeichnend, daß im Zusammenhang mit den neuesten Änderungen im zweiten Teil des ZGB fast ausschließlich vom „neuen **Scheidungsrecht"** gesprochen wurde? Kein Wunder, daß für die meisten Leute das Wort „Familienrecht"etwas Bedrohliches hat! Schließlich kursiert das Bonmot, daß in unserer Kultur der Brautpreis erst bei der Scheidung fällig wird.

Dabei enthält das Familienrecht so viel mehr spannende Themen! Auf- und umgeräumt wurde zum 1.1.2000 nämlich auch bei Verlöbnis, Eheschließung und Verwandtenunterstützungspflicht. Das Wichtigste fehlt auch bei dieser neuesten Revision natürlich mal wieder, nämlich so etwas wie: „Die Brautleute sollen sich vor der Eheschließung über die damit verbundenen Rechte und Pflichten informieren". Dann käme das Familienrecht endlich mal aus der Schmuddelecke raus, in der es hierzulande leider so ein bißchen haust, weil es so häßliche Assoziationen weckt.

Zumal es in so vielen anderen Bereichen mitmischt: bei Steuer-, Erb-, Sozialversicherungs-, Haftpflicht-, Straf- sowie Schuldbetreibungs- und Konkursrecht. Oft genug sind Fragen des Internationalen Privatrechtes (IPR) berührt, ob es nun um Ehen von Schweizern mit Ausländern geht, um Ausländerfamilien mit Wohnsitz in der Schweiz oder um Schweizer mit Wohnsitz im Ausland. Jeder Mensch steht sowieso immer irgendwie in irgendwelchen familienrechtlichen Beziehungen, und wenn´s nur das Kindesverhältnis ist, das hierzulande mit der Geburt entsteht. Selbst Vollwaisen und Findelkinder finden eine mehr oder weniger kuschelige Ecke, in der auch an sie gedacht ist.

Fazit: familienrechtliche Beziehungen sind genauso unvermeidlich wie der Tod und die Steuer. Da sie ohnehin Wirkungen entfalten, sollte man doch wenigstens eine Ahnung davon haben, nicht wahr? Leider ist jedoch die Sprache der Gesetze eine völlig andere als die des täglichen Lebens. Was wunder, wenn durch diese beiden Sprachen unterschiedliche Welten entstehen, die scheinbar nichts miteinander zu tun haben! In Liedern, Lyrik und Liebesromanen wimmelt es nämlich geradezu von tatsächlichen oder geplanten Verbindungen von juristischer Relevanz, auch wenn sie nie in dieser Hinsicht ausgelotet werden. Höchste Zeit, sie einmal stichprobenartig unter die Lupe zu nehmen!

Mit Märchen ist es ähnlich: die hören bekanntlich da auf, wo´s erst richtig spannend werden könnte. Die großartigen Märchenhochzeiten werden zwar erwähnt, aber wie´s weitergeht, darüber schweigt des Sängers Höflichkeit. Dem aufmerksamen Betrachter kann allerdings nicht entgehen, daß es in den meisten Märchenehen und -familien aschgrau zugeht. Man fühlt sich an den Spruch erinnert, daß ein guter Indianer ein toter Indianer ist, denn nur die toten Mütter sind gute Mütter. Die lebenden sind allesamt böse Stiefmütter. Und die Väter? Sag mir, wo die Väter sind! Die wenigen, von denen man überhaupt etwas erfährt, gehören auch nicht gerade zur Kategorie „treusorgend und verantwortungsvoll", so daß man sich fragt: when will they ever learn? Dabei müssen all diese elterlichen Ekelpakete doch auch einmal anziehend gewesen sein! Junge, schöne, mutige Leute einerseits, hilflose oder böswillige Alleinerziehende andererseits. Was war dazwischen?

Diese Transparenzdefizite sollen nun endlich behoben werden.

Ich habe umfangreiche Recherchen angestellt, um Namen und weiteren Verlauf diverser Reportagen der Brüder Grimm zu erforschen. Dabei mußte auch die eine oder andere der behaupteten Tatsachen berichtigt werden. Die Chronologie beliebte leider nicht der Logik des ZGB zu folgen. Deshalb ist, wo nötig, in den Titeln angegeben, um welche Story es sich handelt, so daß man sich deren zeitliche Abfolge selbst zusammenpuzzeln kann.

Analoges gilt für Shakespeares „Romeo und Julia" sowie für das

Parzival-Epos von Wolfram von Eschenbach. Lieder hingegen konnten am Stück tel quel übernommen werden.

Jedem Kapitel ist ein Bonbon beigepackt. „Griff in die Mottenkiste" führt Veränderungen des Zeitgeistes vor Augen. Ein „Blick über die Grenzen" ist immer interessant, vor allem wenn es sich um sprachliche oder inhaltliche Kuriositäten handelt. Ordre public-mäßig weht nun mal nicht überall der gleiche Wind. Die Auswahl ist willkürlich; es handelt sich um einige der Rechtsordnungen, mit denen ich zufällig schon zu tun hatte. Ich hab da nur ein paar Rosinen rausgepickt.

Da Auslandberührung in der Praxis immer wieder eine Rolle spielt, habe ich das Thema gleich zu Beginn kurz gestreift.

Das Scheidungsrecht habe ich absichtlich nicht in epischer Breite ausgewalzt. Dafür gibt´s schließlich jede Menge einschlägiger Ratgeber, die gar nichts anderes zum Thema haben. Wenn jemand nach dem Genuß meiner familienrechtlichen amuse-gueules Appetit auf mehr Information oder vorbeugende (!) Beratung bekommt, entspricht das voll meiner Absicht.

Warum ich Advocatus diaboli heiße? Der Name ist natürlich Programm. Wenn im katholischen Kirchenrecht eine Heiligsprechung verhandelt wird, wird diese vom „Advocatus Dei" vertreten. Der Advocatus diaboli bringt die Argumente **dagegen**. Ich bin erstens sowieso nicht katholisch und zweitens der Ansicht, daß Menschen genausowenig Heilige sein wie Gesetze jedem gerecht werden können.

Die Elchtest-Version dieses Buches erschien zu Ostern 2000 bei der Skriptenkommission der Universität St. Gallen. Sie war in erster Linie für die Studenten als locker-flockiges Dessert zur Vollwertkost der Vorlesungen und Übungen gedacht. Seriöse Informationen müssen ja nicht immer so staubtrocken daherkommen. Ein Schuß Humor soll sie nicht nur für HSG-Studenten leichter verdaulich machen, sondern jetzt auch einem breiteren Leserkreis die Berührungsängste nehmen. Familienrecht geht alle an!

Inzwischen konnte ich einige Erweiterungen vornehmen. Für ihr ermutigendes Interesse und ihre ergänzenden Informationen danke ich Dr. Sami Aldeeb (Lausanne), RA Andreas Impekoven (Budenheim/Mainz), Maître Naila Ounaiess und Prof. Salem Ounaiess (Tunis), RA Jürgen Rieck (München) sowie Prof. Gustav Wachter (Innsbruck).

Ihnen, liebe Leserschaft, wünsche ich viel Gewinn bei der Lektüre. Möge sie dazu beitragen, daß Rechtsfragen für Sie kein Tabu mehr sind!

Advocatus diaboli

Meine Adressen für jede Art von dazuzugebendem Senf (der mir jederzeit willkommen ist!):

E-Mail:
advocatus_diaboli_SG@altavista.nl
oder auch
advocatus.diaboli@Jur-Seminare.de

Zu Fuß:
Advocatus diaboli
c/o Juristische Seminare
Jahnstraße 57
D - 55257 Budenheim

Inhalt

VI

Lean on me
- Verwandte und Behörden -

Abkürzungen

ABGB	Allgemeines Bürgerliches Gesetzbuch (Österreich)
AJP	Aktuelle Juristische Praxis
BGB	Bürgerliches Gesetzbuch (Deutschland)
BGE	Entscheidung des Schweizerischen Bundesgerichtes
BV	Bundesverfassung der Schweizerischen Eidgenossenschaft
BW	Burgerlijk Wetboek (Niederlande)
CSPS	Code du Statut Personnel et des Successions (Marokko)
DEuFamR	Deutsches und Europäisches Familienrecht
EGBGB	Einführungsgesetz zum Bürgerlichen Gesetzbuche (Deutschland)
EheG	Gesetz zur Vereinheitlichung des Rechts der Eheschließung und der Ehescheidung (Österreich)
EMRK	Konvention zum Schutz der Menschenrechte und Grundfreiheiten
IPR	Internationales Privatrecht
IPRG	Bundesgesetz über das Internationale Privatrecht
NJW	Neue Juristische Wochenschrift
OR	Obligationenrecht
SchKG	Bundesgesetz über Schuldbetreibung und Konkurs
StGB	Strafgesetzbuch
TSG	Transsexuellengesetz (Deutschland)
ZGB	Schweizerisches Zivilgesetzbuch
aZGB	alter Artikel des ZGB (bis 31.12.1999, falls nicht anders angegeben)
nZGB	neuer Artikel des ZGB (ab 1.1.2000, falls nicht anders angegeben)
ZPO	Zivilprozeßordnung
ZStV	Zivilstandsverordnung

x

Les métèques

- ein paar Bemerkungen zur Auslandsberührung -

Multinationale Familienverhältnisse in der Schweiz:
Cuius regio...

Multinationale Ehen sind wahrlich keine Besonderheit mehr, und gelegentlich stellt sich die Frage nach der Rechtszuständigkeit. Wenn zwei Ausländer unterschiedlicher Herkunft in der Schweiz leben, sind (mindestens) drei Rechtsordnungen betroffen. Welche gilt?

Um von vornherein keine Illusionen aufkommen zu lassen: Internationales Privatrecht (IPR) ist hochinteressant - kann aber auch je nach den Gegebenheiten saukompliziert sein. Ich möchte das Thema dennoch kurz streifen, weil multinationale Rechtsverhältnisse eine immer größere Rolle spielen. All jenen, die persönlich betroffen sind, sei dringend ans Herz gelegt, sich vorgängig einer Eheschließung eingehend professionell beraten zu lassen.

Basteln wir ein Beispiel für eine Konstellation, die häufig vorkommt, aber leider nicht immer so einfach bleibt:

Dietberga Mark und Boudewijn Frank haben nach dem Studium an der HSG bei einem großen Schweizer Unternehmen Arbeit gefunden. Gar nicht so einfach, als Dual-Career-Couple! Beide haben zwar Wohnsitz in der Schweiz, aber ausländische Pässe. Nach ihrer Heimat befragt, pflegt Frau Mark zu sagen, „my home is my Kassel!", und Herr Frank schwärmt, wie sein Landsmann Jacques Brel, von „mijn vlanderland".

Wenn nun die Deutsche Mark und der belgische Frank in der Schweiz heiraten und daselbst ihr eheliches Wigwam aufschlagen wollen, welches Recht gilt für Eheschließung und Ehewirkungen?

Grundsätzlich - und stark vereinfachend! - lassen sich bezüglich der IPR-Orientierungen zwei Typen unterscheiden: das *Staatsbürger-*

schafts- und das *Domizilprinzip.* Die Schweiz hält sich an letzteres.

Das Domizilprinzip erinnert ein bißchen an „cuius regio, eius religio", den Slogan des Augsburger Religionsfriedens. Wessen Gebiet, dessen Konfession. Hier: wessen Land, dessen Recht.

Art. 43[1] IPRG besagt „Die schweizerischen Behörden sind für die Eheschließung zuständig, wenn die Braut oder der Bräutigam in der Schweiz Wohnsitz oder das Schweizer Bürgerrecht hat". Die eigentliche Domizilprinzipspointe liegt in Art. 44[1] IPRG: „Die materiellrechtlichen Voraussetzungen der Eheschließung in der Schweiz unterstehen schweizerischem Recht" - dem des Wohnsitzes also. Daraus folgern wir: D. Mark und B. Frank können aufgrund ihres Wohnsitzes in der Schweiz nach Schweizer Recht heiraten. Sie müssen also über 18 sein, und es dürfen keine Ehehindernisse im Sinne des ZGB vorliegen.

Ganz einfach bis jetzt.

Nehmen wir an, sie werden vom schweizerischen Arbeitgeber für ein paar Monate nach Brasilien entsendet. Während dieser Zeit bekommen sie Nachwuchs, dem sie den exotischen Namen Cruzeiro geben. Kraft seiner Geburt auf brasilianischem Boden (naja, nicht allzu wörtlich zu nehmen!) ist Cruzeiro brasilianischer Staatsbürger. Deutscher ist er ja schon wegen der Abstammung von DM. Inzwischen haben wir also vier unterschiedliche Rechtsordnungen: die deutsche, die belgische, die brasilianische, und da Brasilien nur Aufenthalt ist, ohne daß der schweizerische Wohnsitz aufgelöst wurde, eben auch die schweizerische Rechtsordnung.

Sich mögliche Irrungen und Wirrungen vorzustellen, die sich ergeben könnten, wenn etwa B.Fr. die Ehelichkeit seines Sohnes bezweifeln würde, oder wenn D.M. und B.Fr. sich in Brasilien scheiden lassen wollen würden, seien der individuellen Phantasie überlassen und mögen einmal mehr auf die Komplexität multinationaler Verhältnisse

3

hinweisen.

Wir packen einfachheitshalber wieder die Überseekisten für den Rücktransport in die Schweiz.

Wenn unsere Multikultifamilie hier wieder Wohnsitz und gewöhnlichen Aufenthalt hat und es rechtlich zu regelnden Ehekrach gibt, gilt hinsichtlich der Gerichtszuständigkeit Art. 46 IPRG: „Für Klagen oder Maßnahmen betreffend die ehelichen Rechte und Pflichten sind die schweizerischen Gerichte oder Behörden am Wohnsitz, oder, wenn ein solcher fehlt, diejenigen am gewöhnlichen Aufenthalt eines der Ehegatten zuständig". Die Frage, welches Recht anzuwenden ist, beantwortet Art. 48[1] IPRG: „Die ehelichen Rechte und Pflichten unterstehen dem Recht des Staates, in dem die Ehegatten ihren Wohnsitz haben" (= Domizilprinzip!). Letzteren haben sie in der Schweiz.

Das bedeutet zum Beispiel, daß sich jeder der beiden Ehegatten, egal welcher Herkunft, an die schweizerischen Bestimmungen über die Ehewirkungen zu halten hat, und wenn einer nicht spurt, sich der andere an den Eheschutzrichter wenden kann, um berechtigten Forderungen Nachdruck zu verleihen.

Hinsichtlich des Güterrechts kann Rechtswahl getroffen werden. Nehmen wir an, unser Europaar hat dies nicht getan; wenn beide Wohnsitz in der Schweiz haben, gilt hiesiges Recht. (Zum Ehegüterrecht siehe Art. 51-58 IPRG).

Wenn's zur Trennung oder Scheidung kommt, wann sind schweizerische Gerichte zuständig?

Begnügen wir uns wieder mit dem einfachsten Fall: wenn beide Wohnsitz in der Schweiz haben, können sie sich auch hier unter Anwendung schweizerischen Rechts scheiden lassen. Egal, wo sie geheiratet haben.

Wenn einer der Ehegatten das Land verlassen und somit keinen schweizerischen Wohnsitz mehr hat, kann's komplizierter werden. Interessierte seien auf die Artikel 59-65 IPRG verwiesen.

Kurz und bündig:

So lange sie im Lande bleiben und sich redlich ernähren, gilt für die Deutsche Mark, den belgischen Frank und den brasilianischen Cruzeiro schweizerisches Recht. Und wenn sie nicht gestorben sind, so gilt's für sie noch heute.

Der Sachverhalt ist hier bewußt einfach dargestellt, die Praxis ist beileibe nicht immer so übersichtlich! Auf Probleme, die sich aus dem Kindesverhältnis ergeben können, wie elterliche Sorge oder Umfang und Durchsetzung von Unterhaltsansprüchen, wenn ein Elternteil das Land verlassen hat, wurde hier gar nicht eingegangen. Nur als Stichwort seien die diversen Haager Abkommen erwähnt, die familienrechtliche Zuständigkeiten innerhalb der Vertragsstaaten regeln.

Was ist mit Schweizern, die ihren Wohnsitz ins Ausland verlegen?

Nun, Helvetia geht's da wie anderen Müttern auch: sie kann ihre Kinder nicht vor allen denkbaren Übeln schützen, sie müssen selbst ihre Erfahrungen machen und daraus lernen.

Wenn sie, unter Beibehaltung der Staatsbürgerschaft, ihr Glück in der Fremde suchen und dort einen festen Wohnsitz begründen, läßt sie sie allerdings doch nicht ganz im Stich. Hinsichtlich der ehelichen Rechte und Pflichten ist zwar grundsätzlich das Recht des Wohnsitzstaates maßgebend (Art. 48 IPRG), aber dessen Gepflogenheiten können dem schweizerischen ordre public ganz schön feindlich gegenüberstehen. Man denke etwa an eine Schweizerin, die in einem islamischen Staat lebt und erst zu spät realisiert, daß sie gewisse gewohnte Rechte sozusagen beim Grenzübertritt abgegeben hat. Wie gut, einen Heimatort zu haben! Dessen Gerichte oder Behörden sind nämlich zuständig für Klagen oder Maßnahmen betreffend die ehelichen Rechte und Pflichten, „wenn es unmöglich oder unzumutbar ist, die Klage oder das Begehren am Wohnsitz oder am gewöhnlichen Aufenthalt eines der Ehegatten zu erheben" (Art. 47 IPRG). Analog dazu ermöglicht Art. 60 IPRG auch die Trennung oder Scheidung der Ehe durch die Gerichte am Heimatort, falls die Klageerhebung am Wohnsitz „unmöglich oder unzumutbar" ist. Hinsichtlich der güterrechtlichen Verhältnisse kann Rechtswahl getroffen werden (Art. 52 und 53 IPRG). Schweizer/innen, die ihrer großen Liebe in deren Heimatland folgen, sollten vor der Eheschließung bereits genügend Realitätssinn zusammenkratzen, um sich mit solchen Aspekten auseinanderzusetzen.

Sorry, das ist wirklich ein sehr trockenes Kapitel, obwohl's nur die allereinfachsten Grundsätze des schweizerischen IPR enthält! Es hat lediglich den Sinn, für IPR-Probleme zu sensibilisieren. Wer persönlich von multinationalen Rechtsverhältnissen betroffen ist, sei dringend darauf hingewiesen, sich vor einer Eheschließung genau zu informieren, was damit alles verbunden sein könnte, vor allem wenn der schweizerische Wohnsitz aufgegeben wird! Eine individuelle Rechtsberatung ist auf keinen Fall rausgeworfenes Geld, vor allem, wenn Ehepartner aus anderen Kulturen stammen. Andere Kulturen sollten respektiert werden, und dazu sollte man sie kennenlernen. Ob und inwieweit man sich ihnen anzupassen gewillt ist, ist dann nochmal eine Frage für sich.

Eine hervorragende und kompakte Information über Berührungen mit islamischen Rechtsordnungen gibt Aldeeb[1]. Seine Broschüre hält in übersichtlicher Form das

---

[1]Aldeeb, Sami: Mariages entre partenaires suisses et musulmans. Connaître et prévenir les conflits. 3me édition, revue et reménagé mai 1998. Institut de droit comparé, Dorigny, Lausanne.
Auch in deutscher Sprache: Gemischte Ehen zwischen Schweizern und muslimischen Ausländern. Herausforderungen angesichts von Normenkonflikten. Schweizerisches

Wesentliche fest und kann sowohl Fachleuten als auch betroffenen Laien wärmstens empfohlen werden. Sie enthält nicht nur Informationen, sondern auch praktische Ratschläge.

Mit speziellen Problemen gemischtnationaler Ehen beschäftigen sich auch Al-Sultan und Rieck. Die Autoren schildern Beispiele von Konstellationen mit verschiedenen Ländern, jeweils gefolgt von der juristischen Beleuchtung des Sachverhalts - allerdings aus Sicht des deutschen Rechts[2]. Nichtdestotrotz höchst interessant, da aus einem reichen Wissens- und Erfahrungsschatz schöpfend. Jürgen Rieck ist Rechtsanwalt in München und zudem Mitherausgeber und Gesamtredakteur der Reihe Bergmann/Ferid, Internationales Ehe- und Kindschaftsrecht. Als früherer Assistent von Murad Ferid sitzt er gewissermaßen an der Quelle. Seine Spezialgebiete sind islamische und lateinamerikanische Staaten, die USA und Australien.

Institut für Rechtsvergleichung, Lausanne 1996

[2]Al-Sultan, L. und Rieck, J.: Ehen über Grenzen. Liebe allein reicht nicht - Tips für den Ehevertrag. München Zürich 1994

7

Love is in the air

- Verlobung und Eheschließung -

Verlobung:
Brautwerbung auf Burg Rheinstein[3]

Ritter Diethelm auf Burg Rheinstein war so ein Typ, der einfach nicht mit Geld umgehen konnte. Als Witwer hatte er nicht mal mehr eine Frau, die ihm ab und zu den Kopf gewaschen und seiner chronischen pekuniären Impotenz entgegengewirkt hätte.

Als seine Tochter, schön und gut wie üblich, ins mannbare Alter kam, hatte er den glorreichen Einfall, daß mit ihr Geld zu machen sein müßte. Nein, doch nicht so! Auf durchaus ehrbare Art natürlich - mit einer Heirat. Dur et pur: ein reicher Schwiegersohn mußte her.

Die liebliche Gerda hatte sich aber schon selbst jemanden ausgeguckt, einen gewissen Helmbrecht, wohnhaft auf Burg Sternberg. Der hatte halt leider kein dickes Bankkonto und schickte vorsichtshalber seinen Onkel Gunzelin von Reichenstein an die Front (sorry, für die Namen kann ich wirklich nichts!). Der sollte als Brautwerber bei Gerdas Vater vorsprechen.

Gunzelin hatte nicht nur schon viele Runzelin, sondern auch ordentlich Penunzelin. Als der reiche alte Knacker das junge Mädchen sah, muß Amor im Vorbeifliegen einen Pfeil verloren haben, denn er kriegte so ein Flackern in die stargetrübten Augen. Wie hatte doch Jaques Brel seinerzeit schon so scharf beobachtet: „On a vu souvent rejaillir le feu d´un ancien volcan qu´on croyait trop vieux"[4]... Neffe hin oder her - die Braut wollte er für sich!

---

[3] Hollerbach, Eugen: <u>Vater Rhein erzählt seine Sagen.</u> Pulheim (ohne Jahresangabe)

[4] in „Ne me quitte pas"

9

Dem alten Diethelm war das nur recht, und die beiden machten gleich den nächstmöglichen Heiratstermin aus. Die Betroffene flippte fast aus, als sie erfuhr, daß sie diesen Lustgreis ehelichen sollte, aber ihr Vater beharrte mit einem Schuß Altersstarrsinn darauf, daß er Gunzelin sein Ritterwort gegeben habe, und sowas müsse man halten.

Als es dem jungen Helmbrecht erst dann einfiel, in Vertretung seiner eigenen Interessen endlich mal selber anzutanzen, wurde er natürlich erst gar nicht ins Haus gelassen. So wehklagten die jungen Leute draußen im Garten über das grausame Schicksal.

Das alles kriegte eine Nixe im Rhein mit, und sie beschloß die Sache in die Hand zu nehmen. Als Gerda und Gunzelin wenige Tage später zur Trauung ritten, schmiß sie ein scharfes Stück Schiefer auf ein Hornissennest, das am Weg lag. Die aufgescheuchten Viecher stürzten sich auf das Pferd des falschen Bräutigams und zerstachen ihm den Bauch, so daß es sich aufbäumte und seinen Reiter den Steilhang hinunterwarf. Das war Gunzelins Ende.

Die Braut wurde, wie praktisch, von Helmbrecht gerettet, der sich vor Kummer in der Nähe der Klemenskapelle verborgen gehalten hatte, und kurz darauf schlossen die Richtigen miteinander den Bund der Ehe.

Angesichts dessen, was heutzutage so alles den Rhein runterfließt, würde sich inzwischen jede anständige Nixe glatt weigern, dort zu wohnen! Zum Glück haben wir jedoch andere Mittelchen, die durchaus auch geeignet sein können, gewisse Probleme zu lösen. Sogar ohne Blut und Leichen.

Diethelm hat seine Tochter mit Gunzelin verlobt - geht sowas überhaupt?

In Art. 90[1] ZGB lesen wir „Das Verlöbnis wird durch das Eheversprechen begründet." Etwas derart Eingreifendes kann man wirklich nur persönlich versprechen! Gunzelin wollte zwar, aber damit war nur der Schwiegervater einverstanden. Die unglückliche Braut, die zudem ihr Nichteinverständnis nichtverbal zum Ausdruck brachte, war somit gar keine. Sie hatte schließlich nichts versprochen, sondern sich nur notgedrungen dem väterlichen Druck gebeugt. Von einer Verlobung kann also gar nicht die Rede sein. Es geht nicht, daß dieser Vater seine Tochter einfach mit dem Mann seiner - nicht ihrer! - Wahl verbandelt. Verlobung ist eine **höchstpersönliche** Angelegenheit, bei der sich keiner der Beteiligten vertreten lassen kann! Das gilt natürlich auch für den jungen Helmbrecht, der selbst antraben müßte, anstatt sich von seinem Onkel vertreten zu lassen.

Wer meint, die Thematik sei doch gar nicht mehr aktuell, sei daran erinnert, daß 1. bei einem Teil unserer ausländischen Mitbürger solche Deals zwischen Familien durchaus noch nicht obsolet sind, und 2. daß bei schweizerischem Domizil auch schweizerisches Recht anzuwenden ist, egal welche Farbe der Paß hat.

Blick über die Grenzen

Nach der klassisch malekitischen Rechtsschule hat der Vater als Ehevormund das Recht, seine jungfräuliche Tochter ohne ihre Zustimmung zu verheiraten[5]. In **Marokko**, dessen Recht der malekitischen Schule folgt, muß zwar nach wie vor die Frau bei den Vertragssitzungen zur Eheschließung durch einen Ehevormund vertreten werden, aber seit 1993 darf dieser sie in keinem Fall gegen ihren Willen verheiraten (Art. 5 CSPS). Wenn das mal kein Fortschritt ist! Zumindest auf dem Papier, und das ist ja bekanntlich geduldig.

---

[5]Bergmann, A. und Ferid, M. (Hrsg): <u>Internationales Ehe- und Kindschaftsrecht</u>. Verlag für Standesamtswesen GmbH, Frankfurt/Main. Marokko (1995), p. 13, Fußnote 31

Wirkungen des Verlöbnisses:

Kermit und Miß Zicki

[Froschkönig]

Kermit hatte Miß Zickis goldenen Ball aus dem Brunnen geholt und wollte dafür von ihrem goldenen Tellerlein essen, aus ihrem goldenen Becherlein trinken und in ihrem goldenen Bettlein schlafen. Nachdem sie ihn, in Verweigerung der letzten Forderung, an die Wand geschmissen hatte, verwandelte er sich in einen Prinzen[6]. Nun sah die Sache schon anders aus.

Im Märchen wird von einer Hochzeit erzählt, aber einer solchen geht zwingend ein Verlöbnis voraus. Es wird durch das Eheversprechen begründet und besteht somit spätestens bei der Einreichung des Eheversprechens. Das Verlöbnis ist bereits ein familienrechtlicher Vertrag, der, man lese und staune, gewisse Rechtswirkungen nach sich zieht.

Miß Zickis Vater war mal wieder vernünftig genug, erstmal eine richtige Verlobung vorzuschlagen, von wegen „drum prüfe, wer sich ewig bindet, ob sich nicht doch was Bess´ res findet". Es gab Kaffee und Kuchen von goldenen Tellerlein, und die Gäste ließen sich geschenkemäßig auch nicht lumpen.

Was hat´s damit rechtlich auf sich?

Als Verlobte sind Kermit und Miß Zicki „einander nahe verbundene Personen", und das kann diverse Konsequenzen haben:

Nehmen wir an, jemand will Kermit zu astronomischem Preis einen Brunnen andrehen. Der Verkäufer droht, Miß Zicki Gift ins goldene

---

[6]Froschkönig, Märchen der Brüder Grimm

12

Becherlein zu schütten, wenn aus dem Geschäft nichts wird. Ein so entstandener Vertrag ist nichtig (Art. 29 OR), weil Verlobte einander nahe verbundene Personen i. S. von Art. 30 OR sind. Furcht um Leib, Leben, Ehre und Vermögen einer solchen wiegen genauso schwer „als wär's ein Stück von mir".

Analog können auch Schenkungen an Dritte widerrufen werden, wenn diese gegen nahe verbundene Personen ein schweres Verbrechen begangen haben (249 OR Ziff. 1), und allfällige Erben können in die Röhre schauen, wenn sie sich gegen den/die Verlobte/n schlecht genug benommen haben (Enterbung bei schwerem Verbrechen gegen eine nahe verbundene Person, Art. 477 ZGB.)

Würde Kermit auf dem Konkursamt einen Job finden, dürfte er gegen Miß Zicki keine Amtshandlungen vornehmen (Art. 10 SchKG).

Je nach (kantonalem) Prozeßrecht können sie auch Aussageverweigerungsrecht in Strafverfahren haben. Wenn die netten Onkels von der Steuerfahndung Miß Zickis Goldball vergeblich auf der Steuererklärung suchen und Kermit interviewen wollen, ob und wo es noch mehr Schwarzvermögen gibt, hat er als ihr Verlobter u. U. das Recht, die Aussage zu verweigern. Ebenso wenn sie zu Recht bezichtigt wird, das gute Stück geklaut zu haben.

Für Verlobte ist also der Grundsatz: „Seid nett zueinander!" gesetzlich geschützt.

So ein Verlöbnis endet entweder im Guten mit Heirat, oder im Schlechten mit Tod oder Auflösung. Mit der Heirat werden wir uns später beschäftigen.

Tod:

Wenn Kermit, vielleicht wegen mangelhafter Lösung aus seinem Froschkarma, überfahren wird, hat Miß Zicki als seine Verlobte Ansprüche aus Art. 45^3 OR gegen den Unfallverursacher (Schadenersatz bei Verlust des Versorgers). Der hat schließlich verhindert, daß sie als seine Ehefrau wirtschaftliche Vorteile hätte haben können, und dieser Verlust muß ausgeglichen werden. Sogar noch garniert mit einem Anspruch auf Genugtuung (Art. 47 OR).

Auflösung:

Nehmen wir an, daß Miß Zicki es zwar toll fand, sich mit Kermit zu verloben, aber ihn dann doch nicht heiraten will. Sozusagen vorm Singen zur Kirche rausgeht. Könnte Kermit auch diesmal auf den König hoffen, der schonmal seine Tochter darauf aufmerksam machte, daß man Verträge (und Versprechen) gefälligst zu halten hat[7]?

Abgesehen davon, daß ein solches Verhalten am Geisteszustand und somit der Urteilsfähigkeit des abgeblitzen Bräutigams zweifeln ließe, schützt Art. 90^3 nZGB (Art. 91^1 aZGB) vor einer derartigen Ehe wider Willen: „Aus dem Verlöbnis entsteht kein klagbarer Anspruch auf Eingehung der Ehe". „Verdammt, ich lieb dich!" ist nun mal kein rechtswirksames Argument.

Ein anderer Gesichtspunkt ist jener des Schadenersatzes. Falls Kermit in guter Hoffnung bereits Bettwäsche gekauft und mit dem prospektiven ehelichen Monogramm bestickt hat, ist ihm durch den Verlöbnisbruch ein Schaden entstanden. Wo kriegt man so schnell ein Frau her, die dazu paßt?!

Daß jemand kurz vor der Heirat kalte Füße kriegt und im letzten Moment aussteigt, ist gar nicht so selten. Der oder die Sitzengelassene hat dann vielleicht schon die Arbeitsstelle am bisherigen Wohnort gekündigt, Möbel gekauft, eine größere Wohnung gemietet, ein Riesenfest organisiert, die Eltern haben Anzahlungen für Restaurant

---

[7] S. Advocatus diaboli: <u>Das OR-Dschungelbuch</u>. Skriptenkommission der Universität St.Gallen, 3. Ausgabe 1999, Kapitel „Mentalreservation"

14

und Musik getätigt oder ähnliches. Was mit all diesen Kosten?

Bis zum 31.12.1999 hätten nicht nur verlassenen Verlobte Anspruch auf angemessenen **Ersatz** für Aufwendungen im Hinblick
auf die Eheschließung gehabt, sondern auch Dritte (Art. 92
aZGB), also etwa Eltern, die bereits Festivitäten vorfinanziert
haben. Art. 93 aZGB gab schuldlos verhinderten Hochzeitern
zudem einen Genugtuungsanspruch.
Seit dem 1.1.2000 kann nur noch, aus Art. 92 nZGB, ein „angemessener **Beitrag**" des Fahnenflüchtigen an die erfolgten Ausgaben
verlangt werden. Mehr ist nicht mehr drin. Der Rest sollte als
„Lehrgeld" verbucht werden.

Was passiert mit den Verlobungsgeschenken?

Die goldene Fliegenklatsche, die der Bräutigam von Tante Eulalia
bekommen hat, gehört ihm nach wie vor. Die Braut darf weiterhin das
goldene Täßchen ihr eigen nennen, das ihr Onkel Willibald zur Verlobung überreicht hat. Die kostbare Brunnenfigur hingegen, die Kermit
für Zicki hat anfertigen lassen, muß sie ihm wieder zurückgeben. Im
Klartext: Geschenke, welche die Nicht-mehr-Brautleute **einander**
gemacht haben, können **zurückgefordert** werden, solche **von Dritten**
darf jedes **behalten** (Art. 91 nZGB, inhaltlich wie Art. 94 aZGB).

Auch wenn das Wort „Heiratsschwindler" ziemlich altmodisch klingt,
ist das Phänomen noch nicht ganz ausgestorben („Ach Schätzchen, es
ist mir ja furchtbar peinlich, da soll ich doch die Anzahlung für unsere Traumwohnung leisten, und ausgerechnet jetzt bin ich klamm,
aber das geht vorbei!", etc.). Geschädigte - faktisch schuldlos Entlob-
te - können wenigstens ihre Zuwendungen aufgrund von Art. 91 nZGB
(Art. 94 aZGB) einklagen. Theoretisch. Praktisch ist die Scham der

Betroffenen jedoch oft größer als der Realitätsbezug, so daß solche Dinge erst gar nicht vor den Kadi kommen.

Blick über die Grenzen

Bis zum 1.7.1998 galt in **Deutschland** § 1300 BGB, der „Kranzgeldparagraph":

„(1) Hat eine unbescholtene Verlobte ihrem Verlobten die Beiwohnung gestattet, so kann sie (...) auch wegen des Schadens, der nicht Vermögensschaden ist, eine billige Entschädigung in Geld verlangen.

(2) Der Anspruch ist nicht übertragbar und geht nicht auf die Erben über, es sei denn, daß er durch Vertrag anerkannt oder daß er rechtshängig geworden ist".

(Die Auslassung bezieht sich auf die Schadenersatzpflicht des vom Verlöbnis Zurücktretenden bzw. des schuldhaft den Rücktritt Verursachenden).

Wie teuer konnte so eine "billige Entschädigung in Geld" werden, in harter D-Mark ausgedrückt?[8] Im Münchner Kommentar zum BGB[9] findet sich todtrauriges Anschauungsmaterial für die stetig sinkende Tendenz von Sittlichkeit und Kranzgeldhöhe: 1910 waren 15´000 M fällig, (Beklagter war ein Student. Klar, daß sich eine verhinderte Frau Doktor nicht einfach so gratis und franko hingegeben haben wollte! Zu der Zeit studierten eh nur die Söhne von Eltern, die sich´s leisten konnten.) 1920 betrug die Deflorationsgebühr bei Rücktritt vom Verlöbnis noch 8´000 M (OLG München), 1925 lediglich 1´000

---

[8]RA Andreas Impekoven war so freundlich, diese Frage zu recherchieren. Herzlichen Dank für die Kopie aus dem Münchner Kommentar!

[9]Band 7, Familienrecht I, 3. Auflage (Red.: Kurt Rebmann); p. 131.

GM (OLG Frankfurt) und 1957 gerade mal 500 DM (LG Essen). Dafür haute man 1959 in Nürnberg mit 1´500 DM rein: "Außergewöhnlicher Fall einer Verlöbnisuntreue mit der Brautmutter in ´bürgerlichen Kreisen´". (Die geneigte Leserschaft kann sich selbst die Szenen dieser schrecklich netten Familie ausmalen.)

O tempora, o mores! Für Mitteleuropäerinnen dürfte § 1300 BGB schon länger keine Bedeutung mehr haben. Wie ist es jedoch mit dort wohnhaften Frauen aus anderen Kulturen, deren Männer nicht tolerieren dürfen, daß sie nicht die absolute Nummer eins sind? Da ist gelegentlich vor einer Hochzeit ein gynäkologischer Eingriff vonnöten, der den Status quo ante wiederherstellt. Die Kosten hierfür wären unschwer der Schadenersatzpflicht nach §§ 1298 und 1299 BGB zu subsumieren, so daß niemand dem Kranzgeldparagraphen nachzuweinen braucht.

Ehefähigkeit; Nichtehe:
Romeo und Julia [1]

Mors certa, hora incerta - außer bei Shakespeare. Da kann man nämlich Gift drauf nehmen, daß spätestens am Ende der Vorstellung, also
nach zwei bis drei Stunden, alle tot sind. So auch „Romeo und Julia".

Hier in aller Kürze das, worauf es ankommt:

Romeo Montague und Julia Capulet finden einander auf Anhieb so
toll, daß sie sich in ihrem jugendlichen Leichtsinn in den Kopf setzen,
unbedingt heiraten zu wollen. Das Problem ist aber, daß die Monta-
gues und Capulets schon seit Generationen eine Art Privatkrieg führen und eine Heirat der beiden unter keinen Umständen die Unterstützung der Clans fände.

Romeo und Julia fällt nichts Besseres ein, als sich heimlich von Pater
Lorenzo trauen zu lassen. Der alte Capulet, in Unkenntnis dessen, will
seiner Tochter einen ihm geeignet erscheinenden Mann andrehen. Um
dem aus dem Weg zu gehen, gibt Pater Lorenzo Julia einen Drink,
nach dessen Genuß sie ziemlich tot aussieht, aber das täuscht. Romeo, der nicht rechtzeitig in den Plan eingeweiht wird, fällt auf diese
Täuschung rein und bringt sich richtig um. Dann wird Julia wieder
wach, sieht die Bescherung und folgt ihm schnurstracks ins Toten-
reich.

Soweit Shakespeare in a nutshell.

Wir lassen uns das nicht einfach so gefallen, nicht wahr? Erstens
müßten diese schönen jungen Leute bei Kenntnis und konsequenter
Anwendung des schweizerischen Rechts nicht so früh sterben, und
zweitens brauchen wir sie noch für ein weiteres Thema. (Der Rechtszuständigkeit halber mögen Pingelige das Geschehen ins Tessin verlegen).

Erörtern wir folgende Fragen:

1. Ist die durch Pater Lorenzo geschlossene Ehe gültig?

2. Können Eltern eine Eheschließung verhindern?

Die korrekte Antwort auf beide Fragen lautet:

„Nein!".

Ad 1: Pater Lorenzo hat Romeo und Julia unter völliger Mißachtung der gesetzlichen Voraussetzungen „getraut". Nicht nur, daß damit keine gültige Ehe geschlossen worden ist - Lorenzo hat klar widerrechtlich gehandelt. Gemäß Art. 118^2 aZGB darf er eine kirchliche Trauungsfeierlichkeit nämlich nur durchführen, wenn er sich den Nachweis der erfolgten Ziviltrauung, also den Eheschein, hat zeigen lassen. Das bleibt auch nach 2000 so, nur die Artikelnummer ändert.

Art. 97^3 nZGB: Eine religiöse Eheschließung darf vor der Ziviltrauung nicht durchgeführt werden.

Ad 2: Gemäß Art. 94 nZGB (Art. 96 aZGB) müssen beide Ehewillige mindestens 18 Jahre alt sein. Mit 18 ist man laut Art. 14 ZGB ohnehin mündig. Was folgt daraus?

Entweder Romeo und/oder Julia sind noch nicht volljährig, dann könnten sie sowieso nicht heiraten, weder einander noch irgendjemanden sonst.

Oder sie sind bereits 18 und damit mündig, dann brauchen sie sich weder hinsichtlich ihrer Partnerwahl noch sonstwie Vorschriften machen zu lassen. (Es gibt keine Hinweise, daß sie über 18 und bevormundet wären, denn dann wäre die Zustimmung des gesetzlichen Vertreters erforderlich.)

So einfach ist das!

Gegen eine Eheschließung konnte bis zum 31.12.1999 zwar Einspruch erhoben werden, aber nur wenn es sich um **Mangel an Ehefähigkeit** oder ein **gesetzliches Ehehindernis** handelt (Art. 108 aZGB).

Da die einzig möglichen Einspruchsgründe ohnehin aus den Zivilstandsregistern hervorgehen, ist die Einspruchsmöglichkeit im neuen Recht ab 1.1.2000 gefallen. Neu werden die Ehevoraussetzungen kurz und bündig auf drei Artikel verdichtet, die in Stichworten wiedergegeben seien:

Art. 94 nZGB (Ehefähigkeit): 18 Jahre alt und urteilsfähig[10], Entmündigte mit Zustimmung des gesetzlichen Vertreters.

Art. 95 nZGB (Ehehindernisse): Verwandtschaft in gerader Linie und Geschwister, egal ob die Beziehung durch Abstammung, Adoption oder Stiefkindverhältnis begründet ist. Die Ehehindernisse bestehen lebenslänglich!

Art. 96 nZGB (Frühere Ehe): Deren Auflösung oder Ungültigerklärung ist nachzuweisen.

Die Wartefristen gemäß Art. 103 und 104 aZGB sind am 1.1.2000 gefallen. Frauen müssen das matrimoniale Interregnum von 300 Tagen nicht mehr einhalten; die Strafwartefrist für schuldig Geschiedene gemäß Art. 150 aZGB durfte wg Unvereinbarkeit mit Art. 12 EMRK ohnehin nicht mehr verhängt werden.

---

[10] Wie das mit der Urteilsfähigkeit bei der Eheschließung gehandhabt wird: siehe BGE 109 II 273. Zitat von Seite 277, als highlight: "Es wird heute allgemein die Auffassung vertreten, daß an die Urteilsfähigkeit insbesondere keine hohen Intelligenzansprüche gestellt werden dürfen"

Keine Chance für die Eltern Capulet oder Montague, eine Eheschließung zwischen Romeo und Julia zu verhindern! Soll schließlich jedes seine Erfahrungen selber machen dürfen.

Das einzige, was die Eltern von Romeo und Julia verbieten könnten, ist das Betreten des Balkons und das Fensterln, getreu dem Motto "So lange du die Füße unter meinen Tisch stellst!". Als Eigentümer der Liegenschaft haben sie das Recht, „jede ungerechtfertigte Einwirkung abzuwehren" (Art. 641 ZGB), was ungebetene Gäste einschließen dürfte. Mehr noch, im Falle der Zuwiderhandlung könnten sie Strafantrag wegen Hausfriedensbruch stellen, denn „Wer gegen den Willen des Berechtigten in ein Haus, in eine Wohnung, in einen abgeschlossenen Raum eines Hauses oder in einen unmittelbar zu einem Hause gehörenden umfriedeten Platz, Hof oder Garten oder in einen Werkplatz unrechtmäßig eindringt oder, trotz der Aufforderung eines Berechtigten, sich zu entfernen, darin verweilt, wird, auf Antrag, mit Gefängnis oder mit Buße bestraft." (Art. 186 StGB).

Das wäre aber auch schon alles. Wenn Romeo und Julia wild entschlossen sind, zu heiraten, kann sie niemand daran hindern, wie wir gesehen haben. Deshalb werden wir sie ein paar Seiten später als Ehepaar wiedersehen.

Blick über die Grenzen

Es gibt Staaten, die neben der zivilrechtlichen auch gleichwertig die religiöse Eheschließung kennen und die Wahl - Zivilstandsamt oder religiöse Einrichtung - den Paaren selbst überlassen. In letzterem Fall gibt allerdings erst der Eintrag in die Zivilstandsregister der Ehe Gültigkeit. So geht's etwa in Griechenland, Großbritannien,

Irland, Portugal und Spanien[11].

In einigen islamischen Staaten gilt ohnehin islamisches Recht (wenn nicht beide anderen Religionen angehören und separate Rechtsnormen angewandt werden). Der Mann muß entweder schon Muselman(n) sein oder flugs werden, indem er die schicksalhaften Worte ausspricht: „Ich bezeuge, daß es keinen anderen Gott gibt außer Allah und daß Mohammed der Prophet Allahs ist". Erst dann darf er eine Muselfrau, pardon: eine Muslima heiraten. Bei nichtmuslimischen Frauen wird das nicht immer so eng gesehen, denn ihre Kinder sind kraft Abstammung von ihrem muslimischen Ehemann automatisch Moslems. Darüberhinaus gibt es gar Länder (Jordanien, Syrien, Libanon, Irak), wo jede religiöse Gemeinschaft ihr eigenes Familienrecht und ihre eigenen Gerichte hat[12].

In Staaten, wo eine religiöse Eheschließung obligatorisch ist, werden Ehen, die ausschließlich vor einem (schweizerischen) Standesbeamten geschlossen wurden, nicht anerkannt[13]. Das kann fatale Auswirkungen für allfällige Kinder haben. Wenn sich so ein glutäugiger Hassan nach Casablanca abgesetzt hat, gilt er dort als nicht verheiratet und seine Kinder sind somit nicht ehelich. Daraus folgt, daß unter Umständen gar keine Unterhaltsansprüche gegen ihn geltend gemacht werden können. Nach seinem Heimatrecht ist ein unehelicher Vater muselmanischen Glaubens kein Unterhaltsschuldner gegenüber seinem Kind. Deshalb haben entsprechende Rechtshilfeersuchen ziemlich düstere Aussichten auf Durchsetzung.

---

[11]Al-Sultan, L. und Rieck, J.: <u>Ehen über Grenzen</u> (1994)

[12]Aldeeb, Sami: <u>Mariages entre partenaires suisses et musulmans</u> (1998)

[13]z.B. Marokko, s. Bergmann/Ferid (1996)

Ehefähigkeit:

Dorns Röschen

[Dornröschen 2]

Von Rosa Dorn, liebevoll „Dornröschen" genannt, wird erzählt, daß sie sich an ihrem 15. Geburtstag an einer Spindel gestochen und daraufhin 100 Jahre geschlafen haben soll. Da sie, kaum aufgewacht, den buchstäblich ersten - wirklich besten? - Mann heiraten will oder soll, der ihr über den Weg läuft, stellt sich im Zusammenhang mit der Ehefähigkeit die Frage nach ihrem Alter. Ist sie 15 oder bereits 115 Jahre alt?

Auf der Suche nach einem Präjudiz stoßen wir auf die Geschichte des Mönchs von Heisterbach[14]. Dieser lustwandelte eines Tages im Klostergarten und sinnierte über das Wort von den tausend Jahren, die vorm Großen Boss[15] nur ein Tag seien. Als es allmählich dämmerte und er zur abendlichen Klosterbrühe heimkehren wollte, hatte sich die ganze Umgebung verändert. Das Gebäude stand zwar noch da, aber es sah ganz anders aus. Von den Mitbrüdern erkannte er niemanden mehr. Um die Geschichte abzukürzen: es waren nicht weniger als dreihundert Jahre vergangen, an dem jungen Mönch hatte der Zahn der Zeit im Eiltempo genagt, und als er realisierte, daß er in den vermeintlich wenigen Stunden ururalt geworden war, zerfiel er augenblicklich zu Staub, wie das für Dreihundertjährige üblich ist.

In der Geschichte von Dornröschen verhält es sich jedoch etwas anders: wenn sie tatsächlich 115 Jahre alt wäre, müßte es ihr so

---

[14]Lokale Folklore

[15]Bezeichnung nach Fred Denger: Der Große Boss. Das Alte Testament. Unverschämt fromm neu erzählt von Fred Denger. Frankfurt/Main

ähnlich gehen wie dem Mönch zu Heisterbach. Aber die Zeit ist überall stehengeblieben, und nicht nur sie, sondern alle Penner wurden perfekt konserviert. Ferner lassen die Umstände nicht darauf schließen, daß die verschlafenen hundert Jahre zu einem Zuwachs an Reife, Wissen und Erfahrung geführt hätten.

Wir sollten den Sachverhalt ohnehin einer sorgfältigeren Betrachtung unterziehen. Hundert Jahre Schlaf - diese Zeitangabe ist eher metaphorisch zu verstehen, in dem Sinne, daß der Schlaf sehr lange dauerte. (Daß Salomo, der aus dem Alten Testament, genau 1000 Frauen gehabt haben soll, keine mehr und keine weniger, ist genauso fraglich. Es können durchaus so viele gewesen sein, daß er den Überblick verloren hatte, und da sagt man halt schnell mal "tausend" und meint "sehr viele". Weiß eigentlich jemand, wieviele Füße ein Tausendfüßler wirklich hat?)

Daß der Haushalt der Familie Dorn nicht so optimal organisiert war, hatte sich ja schon bei Röschens Taufe gezeigt, wo ein Teller fehlte und deshalb ein Gast wieder ausgeladen werden mußte. Zum 15. Geburtstag ereignete sich wieder so eine Panne: Teller gab´s nun zwar genug, aber nicht genug um sie zu füllen. So kam irgendjemand auf die glorreiche Idee, mal kurz ins Aquarium zu fassen und die dort fröhlich herumschwimmenden Kugelfische in die Pfanne zu hauen. Nun wurden zwar alle satt, aber Kugelfisch hat so seine Tücken. Selbst die Bonsai-Version fürs Aquarium enthält Tetrodoxin, ein Gift. Zwar waren das so kleine Mengen, daß niemand daran starb, aber es reichte allemal, sämtliche Mitesser für geraume Zeit lahmzulegen.

Da nun die Rosenhecken nicht mehr gepflegt wurden, waren sie bald einmal so undurchdringlich wie Maschendrahtzaun. Sowas weckt natürlich die Neugier. Ein besonders Neugieriger riß eines Abends im Suff an den Büschen rum und lallte:„Ich will hier rein!" Dabei fuchtelte er so lange und so heftig mit seinem soliden Ernst-August-

Schirm herum, bis er ganz erstaunt feststellen mußte: „Bin ich jetzt schon drin, oder was? Das war ja einfach!"

Was bot sich für ein Anblick?

Auf dem ganzen Gelände standen, saßen und lagen all diese Zombies rum, aber Röschen sah wenigstens noch hübsch aus. Ein Küßchen in Ehren, dachte er sich, und als er gerade zur Tat schritt, wachte das gesamte Stilleben wieder auf. Das war nämlich zufällig genau der Moment, in dem das Gift endlich vollständig metabolisiert war.

Alle sind nun wieder wach und grundsätzlich im gleichen Alter wie beim Wegratzen. Röschens Entwicklungsstand entspricht dem einer 15jährigen, somit ist sie nach schweizerischem Recht noch nicht ehefähig (s. Art. 96 aZGB, Art. 94 nZGB). Sie könnte frühestens mit 18 heiraten.

Der Begriff der „Ehemündigkeit" wurde bereits anläßlich der Herabsetzung des Mündigkeitsalters weggekürzt. Bis zum 31.12.1995 wurde man erst mit 20 volljährig, und für eine Eheschließung verlangte Art. 96 aZGB, daß der Bräutigam mindestens 20, die Braut mindestens 18 Jahre alt sein mußte. Das war das sogenannte Ehemündigkeitsalter.

Wenn´s ganz schrecklich pressierte, weil etwa der Storch schon im Landeanflug war, konnte das Ehemündigkeitsalter für die Braut auf 17, den Bräutigam auf 18 Jahre heruntergesetzt werden (Art. 96 aZGB). Damit mußten natürlich die Eltern einverstanden sein (Art. 98 aZGB), denn Art.14² aZGB sagte: "Heirat macht mündig". Seit dem 1.1.1996 besteht Art. 14 ZGB nur noch aus ein einem Absatz, nämlich: "Mündig ist, wer das 18. Lebensjahr vollendet hat". Gleichzeitig wurde das Mindestalter für eine Eheschließung endgültig festgeklopft: unter 18 geht gar nichts (Änderung von Art. 96 aZGB/ Art. 94 nZGB).

25

Blick über die Grenzen

Im deutschen und im österreichischen Recht existiert der Begriff der "Ehemündigkeit" noch immer. In **Deutschland** empfiehlt zwar § 1303 Abs. 1 BGB: "Eine Ehe soll nicht vor Eintritt der Volljährigkeit eingegangen werden", aber er geht dann doch so weit, daß das Familiengericht bereits 16jährigen die Eheschließung gestatten kann - auch ohne Einwilligung der gesetzlichen Vertreter. Allerdings muß der künftige Ehegatte volljährig sein. In Deutschland ist dies mit 18 der Fall.

Die Eckdaten für **Österreich** lauten: Volljährigkeit mit 19, Ehemündigkeit für Buam mit 19, für Madln mit 16. In Absatz 2 von § 1 EheG läßt sich das noch weiter runterhandeln auf 18 bzw. 15 Jahre, "wenn sie für diese Ehe reif erscheinen." Wenn´s denn sein muß! Vom Beginn eines solchen matrimonium praecox bis zur Vollendung des 18. Lebensjahres stehen diese jung Gefreiten hinsichtlich ihrer persönlichen Verhältnisse den Volljährigen gleich, und dies bleibt auch so, wenn die Ehe danach aufgelöst oder für nichtig erklärt wird. (§ 175 ABGB). Bis 18 sind die Juniorpartner gewissermaßen auf Bewährung mündig; wer mit 15 heiratet und mit 16 oder 17 geschieden wird, fällt in den Status von Minderjährigen zurück. Da Jugend der einzige Mangel ist, den die Zeit wirklich zuverlässig heilt, werden die Betreffenden mit 19 dann noch genügend Gelegenheiten haben, für jede Art von Dummheit selbst die Verantwortung zu übernehmen[16].

Wenn das schöne schlafende Geburtstagskind nicht Dorn, sondern Espina heißt und als Spanierin in ihrem Heimatland wohnhaft ist, gilt natürlich **spanisches** Recht. Dieses sieht vor, daß sie bereits ab dem

---

[16] ab 1.7.2001 ist in Österreich das Volljährigkeitsalter auf 18 Jahre herabgesetzt

zarten Alter von 14 Jahren doch eine Genehmigung zum Heiraten bekommen könnte. So sie denn unbedingt wollen würde.

Eine solche nach Heimatrecht gültig geschlossene Ehe müßte in der Schweiz anerkannt werden (Art. 45 IPRG), und damit würde ein österreichisches oder spanisches Röschen auch gleich mündig (Art. 45a IPRG).

Ehehindernis der Verwandtschaft:
Shame and Scandal [17]

In Trinidad, there was a family,
with much confusion as you will see.
There was a mama and a papa and a boy who was grown
who wanted to marry and have wife of his own.
He found him a girl, who suited him nice
he went to his papa to ask his advice.
His papa said "son, I have to say no
That girl is your sister but your mama don't know!"
   [:Woe is me, shame and scandal in the family :]
A week went by and the summer came down
Soon the best cook in the islands he found
He went to his papa, to make a day,
his papa shook his head and to him he did say:
"You can't marry that girl, I have to say no
That girl is your sister, but your mama don't know!"
   [:Woe is me, shame and scandal in the family :]
Went to his mama, and thought what he said,
and told his mama, what his papa had said.
His mama she laughed she says, "go man go!
Your daddy ain't your daddy, but your daddy don't know!"
   [:Woe is me, shame and scandal in the family :]

In jedem vernünftigen Biologiebuch findet sich im Kapitel "Vererbung" ein Schreckensbeispiel dafür, wie´s rauskommt, wenn man in der Verwandtschaft rumheiratet, oder präziser gesagt: sich fortpflanzt. Es braucht halt nicht nur frisches Fleisch, sondern auch frisches Blut, um Degeneration zu vermeiden. Das Inzesttabu hat explizit seinen Niederschlag im Gesetz gefunden, genauer: in Art. 100 aZGB/ Art. 95 nZGB (Ehehindernis der Verwandt-

---

[17]Traditional

28

schaft/Abstammung). Weder rechtliche noch biologische Geschwister dürfen einander heiraten.

Beieinander wohnen wäre ja notfalls okay, aber einander beiwohnen gehört sich einfach nicht; wer´s trotzdem tut wird aufgrund von Art. 213 StGB erstmal aus dem Verkehr gezogen und in einem staatlichen Beherbergungsbetrieb untergebracht. Vulgo: wer mit den eigenen Kindern, Eltern, Voll- oder Halbgeschwistern rummacht, kriegt Knast.

Der Vater, in der Annahme, daß der Sohn von ihm abstamme, hat sich also völlig korrekt verhalten. Offiziell gilt er rechtlich als der Vater des boy, aber allem Anschein nach nicht der beiden girls, sonst wäre das Ehehindernis schon aus den Zivilstandsregistern hervorgegangen.

Wenn das biologische vom rechtlichen Kindesverhältnis abweicht, ist dies nicht immer erfaßt und somit ggf. nicht als Basis für das Ehehindernis der Verwandtschaft evident.

Wie gut, daß mama und papa wenigstens noch den Überblick behalten haben!

1) Rechtliche Beziehungen:

Ergebnis: boy könnte sowohl girl 1 als auch girl 2 ehelichen. Allerdings nicht simultan! Höchstens konsekutiv, von wegen Bigamieverbot.

2) Beziehungen nach Kenntnis des daddy, der die rechtliche zum boy auch für die biologische hält

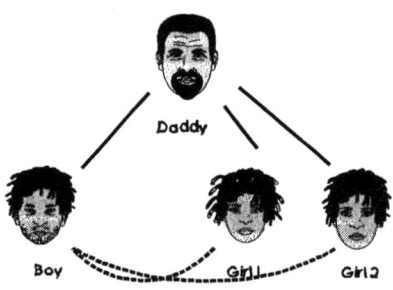

Ergebnis: sowohl marrying girl 1 als auch girl 2 wäre eine Sauerei, also Finger weg!

3) Faktische biologische Beziehungen

Ergebnis: höchstens die Qual der Wahl, wie unter 1).

Blick über die Grenzen

Neben Ehehindernissen der Verwandtschaft durch Abstammung haben diverse islamische Staaten wie z.B. **Marokko** und der **Iran** auch das der „Milchverwandtschaft"(رضاع [riɗɒːʕ]) zwei Leute, die während ihrer ersten zwei Lebensjahre von derselben Frau gestillt worden sind, dürfen später einander nicht heiraten - selbst wenn sie genetisch überhaupt nichts miteinander zu tun haben[18].

---

[18]Bergmann/Ferid, Marokko (1995), p. 15; Art. 28 CSPS, p. 26; Iran (1983)

Ehehindernis der Verwandtschaft:
Siebzehn Jahr´, blondes Haar
[Allerleirauh][19]

In der ersten Szene sehen wir einen Mann am Sterbebett seiner Frau. Bevor sie für immer und ewig Mund und Augen schließt, äußert sie noch einen letzten Wunsch: falls er je wieder heiratet, so dürfe dies nur eine Frau sein, die ebensolch goldenes Haar hat wie sie. Klingt im Moment harmlos. Dem frischgebackenen Witwer steht fürs Erste auch gar nicht der Sinn nach einer neuen Blondine, schließlich ist jetzt Trauern angesagt.

Als die Jahre ins Land gehen, finden seine Kollegen, er solle sich jetzt endlich mal wieder nach einer Frau umsehen, das sei ja kein Zustand so! Schließlich seien Menschen nicht wie Agaporniden, die für den Rest des Lebens alleinbleiben, wenn ihr Partner tot ist! Undsoweiter. Er läßt sich bequatschen, erinnert sich aber auch an das Versprechen, das er seiner Verblichenen gegeben hat: nur jemand mit ebenso goldenen Haaren wie sie kommt in Frage.

Als er sich umschaut, erst zögernd, dann immer entschlossener, es sowohl seinen Freunden als auch seiner verstorbenen Frau rechtzumachen, stellt er fest, daß das gar nicht so einfach ist. So schön blond war nur sie allein!

Wirklich nur sie?

Die Tochter, die sie hinterlassen hat, ist inzwischen herangewachsen und geht offenbar zum selben Frisör wie ihre selige Mutter, jedenfalls sieht der Witwer in ihr endlich die Lösung. Das ist sie, sie will er heiraten!

---

[19]Märchen der Brüder Grimm

Sie will verständlicherweise nicht. Für junge Mädchen gehört doch schon ein dynamischer Mittvierziger zur Kategorie „Grufties"! Also versucht sie sich rauszuwinden, indem sie ihm allerhand ihr unlösbar erscheinende Aufgaben stellt. So wünscht sie sich ein Kleid, so golden wie die Sonne, eins so silbern wie der Mond und eins so glänzend wie die Sterne. (Das legt die Vermutung nahe, daß es sich entweder um Mutter oder Tochter von Aschenputtel handelt, denn jene hatte sich von ihrer guten toten Mutter die selben Fummel gewünscht). Meckermann macht´s möglich, entgegen ihren Hoffnungen. Schade um die schönen Klamotten, die sie doch eigentlich gar nicht wirklich haben wollte! Sie macht noch einen Versuch und wünscht sich einen Mantel dazu, der Pelze von jedem Tier des Reiches enthalten sollte. Dummerweise ist auch diese Spezialanfertigung lieferbar. Nachdem also alles nichts hilft, haut sie bei Nacht und Nebel ab und sucht sich selber einen Mann.

Wäre der ganze Aufwand nötig gewesen?

Nehmen wir zu seinen Gunsten an, daß kein biologisches Kindesverhältnis besteht, als er den Wunsch äußert, die Tochter seiner verstorbenen Gemahlin zu ehelichen. Daß Inzest nicht drinliegt, ist ja allseits klar. Was aber, wenn die verstorbene Frau die Tochter woanders herhat und sie schon in die Ehe mitbrachte?

Dann ist sie sein **Stiefkind**. Damit besteht auch dann ein Ehehindernis, wenn er sie nicht mal adoptiert hat und somit weder biologisch noch rechtlich ein Kindesverhältnis existiert. Das Ehehindernis bleibt, selbst wenn die das Verhältnis begründende Ehe durch Tod oder Scheidung aufgelöst ist (Art. 100 [1] Ziff. 2 aZGB, Art. 95[1] Ziff. 2 nZGB).

Hinter dem Wunsch der Sterbenden, nur eine Frau zu heiraten, die ebenso blondes Haar hat wie sie, mag sich ganz einfach die Vorstellung verbergen, er möge nicht wieder heiraten. Als ob sie das

33

nicht gleich hätte sagen können!

Blick über die Grenzen

Paare, für die Ehehindernisse bestehen, können ja doch nicht davon abgehalten werden, einen gemeinsamen Stand aufzumachen, und sei es über ein Konkubinat. Der Notwendigkeit gehorchend haben vor allem die lateinamerikanischen Länder in Sachen Nichteheliche Lebensgemeinschaft eine differenzierte Rechtskultur entwickelt. Kirchlich geschlossene Ehen konnten nämlich bis in die Neunziger Jahre in der Regel nicht geschieden werden. In Kolumbien beispielsweise ist dies erst seit einer Verfassungsänderung 1991 möglich[20]. Bis dahin konnten Neuverliebte natürlich nicht neu heiraten, taten sich aber nichtdestotrotz zusammen, und wenn Keimzellen ihre Stunde für gekommen sehen, war ihnen der Zivilstand ihrer Träger eh schon immer egal. Je nach Staat kann das faktische Zusammenleben recht detaillierte gesetzliche Folgen hinsichtlich Unterhalt, Güterrecht und Kindesverhältnis nach sich ziehen.

Einen wunderschönen weitreichenden Überblick über rechtliche Regelungen nichtehelicher Lebensgemeinschaften im Ausland gibt Duderstadt[21], von skandinavischen über angloamerikanische und romanische bis hin zu slawischen Ländern und Beispielen aus Asien.

---

[20] Al Sultan und Rieck: <u>Ehen über Grenzen</u> (1994)

[21] Duderstadt, Jochen: <u>Was Paare ohne Trauschein über ihre Rechte wissen müssen</u>. Düsseldorf 1997, p. 130 ff

Ehehindernisse, alt und neu:
Harri Beau macht Mama froh
[Schneewittchen 1]

Gleich zu Beginn sei um Nachsicht ersucht. Der lange Vorspann ist unumgänglich, da man schließlich den Sachverhalt so weit kennen sollte, daß man ihn angemessen zu würdigen vermag.

Schneewittchens leibliche Mutter war ja früh verstorben, und ihr Vater hatte sich zügig wieder eine Frau gesucht. Sei´s wegen der Hormone oder sei´s weil er keine Lust hatte, sich selbst um sein Kind zu kümmern. Gemäß Art. 278^2 ZGB hat sie als Stiefmutter nämlich auch gewisse Beistandspflichten. Zu Beginn des Märchens ist er offenbar schon wieder ein Haus weiter. Weil sie denkt, der Mann habe sie verlassen, weil sie ihm nicht mehr gefalle, entwickelt sie den zwanghaften Ehrgeiz, unbedingt die Schönste im ganzen Land sein zu müssen. Dann käme er vielleicht wieder zurück. Jedenfalls sitzt die schöne neue Frau jetzt alleine mit Schneewittchen da. Gehen wir davon aus, daß via Stiefkindadoption ein Kindesverhältnis besteht.

Die Wiedergabe der offiziellen Version der Brüder Grimm bleibe hier erspart, da sie als bekannt vorausgesetzt werden kann.

Daß die Stiefmutter, Mama Mia genannt, zum Schluß des Märchens tot ist, ist allerdings ein übles Gerücht. Es zeigt nur mal wieder allzu deutlich, wie primitiv und exzessiv sich Rache - in Gedanken, Worten und Werken - zu äußern pflegt, und wie sinnvoll doch das Verbot der Selbstjustiz[22] ist! In rotglühenden eisernen Pantoffeln zu tanzen bis sie tot umfällt - das mag eine Methode der spanischen Inquisition

---

[22] S. dazu auch Advocatus diaboli: Das OR-Dschungelbuch (1999), Kapitel „Selbstjustiz-Selbsthilfe"

sein, aber eines modernen Rechtsstaates doch nicht würdig!

Natürlich gab es einen ordentlichen Prozeß!

Die Anklage lautete auf dreifachen Mordversuch (die Ausführungen hierzu beschränken sich auf das Wesentliche, da Strafrecht nicht unser Thema ist.)

Gleich nach ihrer Festnahme hatte Mama Mia die Visitenkarte von einem altem Verehrer hervorgekramt. „Winkel, Advokat" stand darauf. Er sollte sie vor Gericht vertreten.

Zu den Anschuldigungen erklärt sie folgendes:

„Ha, ein vergifteter Kamm! Klar, hab ich ihr einen Kamm mitgebracht, weil sie so strubbelig war. Daß sie damit Probleme hatte, ist doch lediglich ein Zeichen dafür, daß sie sich öfter kämmen und die Haare waschen sollte, und daß sie sowieso das falsche Shampoo benutzt.

Dann hab ich ihr diesen Gürtel geschenkt, daß sie auch mal ein bißchen adrett gekleidet ist. Kein Wunder, wenn sie umfällt, wo sie schon immer so schwach war und einen viel zu niedrigen Blutdruck hat!

Das mit dem vergifteten Apfel kann man mir auch nicht anhängen. Ich hab´s doch nur gut gemeint, wo das Kind doch ständig so anämisch-blaß (Wortlaut: „weiß wie Schnee") aussieht. Da sollte sie wirklich mehr Obst essen. Aber heutzutage ist halt leider kein Verlaß mehr, daß wo „Bio" dransteht, auch „Bio" drin ist!"

Winkel kämpft wie ein Löwe. Es war doch die reinste mütterliche Fürsorge, die die Handlungen der Angeklagten bestimmte, zumal sich Schneewittchens Vater überhaupt nicht um seine eigene Tochter kümmerte! Soll ihr diese mütterliche Fürsorge jetzt auch noch zum Nachteil ausgelegt werden?! Undsoweiter.

Der Richter ist, um Ludwig Thoma zu zitieren, "ein guter Jurist und auch sonst von mäßigem Verstande". Er ist klug wie Salomos Katze, und am Ende kommt ein Freispruch raus. In dubio pro reo.

Mama Mia hat die wohlgeformte Nase voll, kauft sich ein Flugticket und klinkt sich vorübergehend aus.

Wir bleiben im Lande und sehen, was aus Schneewittchen geworden ist.

Die Hochzeit mit Harri Beau, dem Prinzen, war ja schön. Aber wie geht es ihr nun als Ehefrau?

Das Schönsein hat ihr doch nur Unglück gebracht, mit dem Spiegel und der Stiefmutter und so, deshalb unternimmt sie nichts, um dessen mit fortschreitendem Alter einhergehenden Zerfall aufzuhalten. Wie sagt doch der Engadiner: la plü bella rösa davainta frösla [23]. Daß sie sich ziemlich bald dem Format XXXL nähert, hat zusätzliche Gründe:

Auf Mama Mias Besuche hinter den sieben Bergen hin hat Schneewittchen multiple Phobien entwickelt, die als posttraumatische Symptome gewertet werden können. So meidet sie zunächst nur Kämme, dann aber auch jegliche Form der Haarpflege. Outfitmäßig verlegt sie sich auf wallende Schlabberkleider, form- und natürlich gürtellos. Darunter wuchern denn auch ungehemmt die Pfunde. Da ihre initiale Angst vor Äpfeln mit der Zeit nämlich auch auf anderes Obst und Grünzeug generalisiert hat, bleiben ihr zum Naschen nur noch Süßigkeiten oder fettiges Tütenjunkfood.

Ihr Anblick reißt niemanden mehr vom Sessel.

---

[23] Falls irgendjemand des Rumantsch ladin nicht mächtig sein sollte: "Die schönste Rose wird zur Hagebutte"

Harri Beau stellt fest: „Tu t' laisses aller[24]"! Sehnsüchtig denkt er daran zurück, wie schön sie doch damals im Sarg lag.

Die action damals war ja wirklich apart. Aber deshalb gleich heiraten? Ach, es ist nur allzu typisch: eine gefährliche/aufregende Situation bringt sämtliche Lebensgeister in Wallung, aktiviert Atmung, Herzfrequenz, Blutdruck, Hormonsystem (Adrenalin!) etc., verbunden mit der Empfindung von Schmetterlingen, Flugzeugen und ähnlichen fliegenden Objekten im Bauch, das kann leicht zu Verwechslungen affektiver Zustände führen. Wer akute Angst hat, hält sich schnell mal für verliebt, weil die Symptome so ähnlich sind. Kleiner Tip am Rande für Leute, die erloschene Gefühle wiederbeleben wollen: Glassärge sind nicht so gut erhältlich. Aber kann man mit dem Objekt der Nichtmehrbegierde Bungeespringen gehen oder anstrengende Bergtouren unternehmen oder so. Wo Herzen erglühen und Edelweiß blühen, können sich aufgrund des gesteigerten Lebensgefühls durchaus neue Chancen eröffnen!

In diese Tristesse flattert nun eine Nachricht von Mama Mia. Sie ist von ihrer Reise zurück und möchte am Flughafen abgeholt werden. Harri holt schon mal den Wagen.

Um es kurz zu machen:

Sie hat eine ausgiebige Rundreise durch Südamerika gemacht. Die dortigen plastischen Chirurgen haben schließlich die beste Übung und nicht umsonst so einen guten Ruf. Die vielen bad guys von der Drogenmafia, die good guys von den Zeugenschutzprogrammen - alle müssen sie so zurechtgeschnitzt werden, daß nicht mal ihre eigenen Mütter sie erkennen. Mias Wünsche hatten sich dagegen richtig bescheiden ausgenommen: sie hat sich, unter ständiger Kontrolle des unbestechlichen Spiegels, komplett fassadenrenovieren lassen.

Nun ist sie ausgebeult, geliftet, gelasert, gepolstert, fettabgesaugt, gestrafft, etc. - kurzum, für ihr Aussehen müßte sie eigentlich einen Waffenschein haben. Als dirty Harri ihrer ansichtig wird, rutscht ihm denn auch sofort ein allfälliger Rest von Verstand sonstwohin.

---

[24]Details bei Charles Aznavour

Sein lüsternes Auge gleitet begehrlich über dieses Meisterwerk von Stahl und Strahl, bleibt an ihrem Decolleté mit dem aufregenden Silikon-Valley haften, er stammelt: „Mama Mia," und ist hin und weg „here I go again!". Errötend folgt er ihren Spuren, mindestens genauso beharrlich wie die Graugänse denen von Konrad Lorenz. Zunächst hat er ein gutes Verhältnis *zu* seiner Schwiegermutter, und bald darauf eins *mit* ihr.

Den Anblick von Schneewittchen und deren PommesChips-Tüten ist er eh schon lange leid; er will sich scheiden lassen, um ihre Mutter zu heiraten.

Ja darf mann denn das - seine Schwiegermutter heiraten?

Bis zum 31.12.1999 stand die Ampel auf rot: Art. 100[1] Ziff. 2 aZGB verbot die Eheschließung zwischen Schwiegereltern und -kindern, selbst wenn die das Verhältnis begründende Ehe wegen Scheidung, Tod oder Ungültigerklärung nicht mehr bestand. (Daß eine bestehende Ehe erstmal aufgelöst werden muß, geht logischerweise aus dem Bigamieverbot hervor).

Das letzte Wort war damit aber noch nicht gesprochen, denn am 1.1.2000 schaltete die selbe Ampel auf grün:

Die Ehehindernisse zwischen Onkel und Nichte, Tante und Neffe sowie Schwiegereltern und Schwiegerkindern sind weggefallen.

Art. 95 nZGB verbietet die Eheschließung nur noch zwischen Verwandten in gerader Linie sowie zwischen Geschwistern oder Halbgeschwistern, gleichgültig ob die Verwandtschaft durch Abstammung oder Adoption begründet ist. Ferner wird das Ehehindernis zwischen Stiefeltern und Stiefkindern beibehalten, selbst wenn die Ehe, die das Stiefkindverhältnis begründet hat, aufgelöst oder für ungültig erklärt worden ist.

Gut so. Wir werden den beiden nämlich nach der Heirat nochmals begegnen.

Noch eine Veränderung seit 1.1.2000, die allerdings die Ehefähigkeit betrifft. Hinsichtlich der erforderlichen Urteilsfähigkeit hieß es bis 31.12.1999 in Art. 97 aZGB:

"[1]Um eine Ehe eingehen zu können, müssen die Verlobten urteilsfähig sein.

[2]Geisteskranke sind in keinem Falle ehefähig."

Faktisch ein explizites Eheverbot für Geisteskranke. Art. 94 nZGB klingt um einiges dezenter. Da ist nur noch von Urteilsfähigkeit die Rede.

Blick über die Grenzen

Grundsätzlich sind Geisteskranke in **Marokko** nicht ehefähig. Aber im CSPS gibt es im Zusammenhang mit den Erfordernissen der Eheschließung den Art. 7, der lautet:

„Der Richter kann die Eheschließung eines Geisteskranken oder Geistesschwachen aufgrund eines Berichts eins Kollegiums von Psychiatern gestatten, in dem festgestellt wird, daß *die Eheschließung der ärztlichen Behandlung dienen wird*, wenn der andere Partner über die Krankheit aufgeklärt ist und in die Eheschließung einwilligt"[25] (Die Hervorhebung ist von mir) . Wär´ doch interessant, zu erfahren wie so eine Heilung durch Heirat funktioniert!

---

[25]Bergmann/Ferid, Marokko (1995), p.24

Auflösung der Ehe durch Verschollenerklärung:
Lohengrin - tot in Venedig?

[Parzival-Epos 2]

Last minute war Lohengrin einer gewissen Elsa von Brabant zu Hilfe gekommen, und unter der Bedingung, daß sie nie fragen dürfe, wo er herkommt, war er bei ihr geblieben. Als Elsa dann doch die verbotene Frage rausrutschte, kam auch prompt sein Fluchtfahrzeug geschwommen: ein Boot, gezogen von einem Schwan[26]. Das war's dann. It's over, nobody wins.

Inzwischen sind schon einige Jahre vergangen, seit Lohengrin Heim, Herd, Weib und Kinder plötzlich verließ. Er blieb ebenso nachrichtenlos wie der Schwan, der als Fluchthelfer agierte. Allfälligen Nachforschungen hilft auch nicht gerade, daß er die Bedingung zu stellen pflegt, man dürfe ihn nie nach Namen und Herkunft fragen!

Wer weiß, wie oft er diesen Trick schon gebracht hat. Es ist schließlich leichter, sich um die ganze Menschheit zu kümmern als um die konkreten Menschen im unmittelbaren Umfeld. Da fällt der Apfel wohl nicht weit vom Pferd, denn Parzival, sein Vater, hatte es ja auch nicht viel anders gemacht.

Die Wahrscheinlichkeit, daß er eines Tages wiederkommt, ist äußerst gering. Seine Angetraute hat aber keine Lust, den Rest ihres Lebens als alleinerziehende Mutter zu verbringen. Genauer gesagt: sie möchte wieder heiraten. Darf sie aber nicht ohne weiteres, sonst liefe es ja auf Bigamie hinaus. Also muß sie erstmal nachweisen, daß die Ehe

---

[26] Warum es dazu nicht hätte kommen müssen: siehe "Unsittlich, widerrechtlich, unmöglich? Man wird doch wohl noch fragen dürfen!", in: Advocatus diaboli: Das OR Dschungelbuch (1999)

mit Lohengrin aufgelöst worden ist (Art. 96 nZGB/ 101 aZGB).

Wie macht man das?

Allgemein bekannt ist die Auflösung der (gültig geschlossenen) Ehe durch Tod oder durch Scheidung. Beweismittel wären somit entweder Todes- oder Scheidungsurkunde, und beides ist nicht ohne weiteres erhältlich, wenn er weder als Leiche noch live aufzutreiben ist. Aber da aller guten Dinge drei sind, gibt es noch die Verschollenerklärung.

Endlich läßt sich Elsa fachmännisch beraten. Sie hat Glück: das örtliche Amtsgericht hat Sprechstunden. Der Richter heißt Alfred Quinn, ehrfürchtig auch „Mighty Quinn" genannt. Er kramt das ZGB hervor und klärt sie auf:

„Art. 35 ZGB

[1] Ist der Tod einer Person höchst wahrscheinlich, weil sie in hoher Todesgefahr verschwunden oder seit langem nachrichtlos abwesend ist, so kann sie der Richter auf das Gesuch derer, die aus ihrem Tode Rechte ableiten, für verschollen erklären.

[2] Zuständig ist hiefür der Richter des letzten schweizerischen Wohnsitzes oder, wenn der Verschwundene niemals in der Schweiz gewohnt hat, der Richter der Heimat.

Art. 36 ZGB

[1] Das Gesuch kann nach Ablauf von mindestens einem Jahre seit dem Zeitpunkte der Todesgefahr oder von fünf Jahren seit der letzten Nachricht angebracht werden.

[2] Der Richter hat jedermann, der Nachrichten über den Verschwundenen oder Abwesenden geben kann, in angemessener Weise öffentlich aufzufordern, sich binnen einer bestimmten Frist zu melden.

[3] Diese Frist ist auf mindestens ein Jahr seit der erstmaligen Auskün-

dung anzusetzen.

Art. 37 ZGB

Meldet sich innerhalb der Frist der Verschwundene oder Abwesende, oder laufen Nachrichten über ihn ein, oder wird der Zeitpunkt seines Todes nachgewiesen, so fällt das Gesuch dahin.

Art. 38 ZGB

[1] Läuft während der angesetzten Zeit keine Meldung ein, so wird der Verschwundene oder Abwesende für verschollen erklärt, und es können die aus seinem Tode abgeleiteten Rechte geltend gemacht werden, wie wenn der Tod bewiesen wäre.

[2] Die Wirkung der Verschollenerklärung wird auf den Zeitpunkt der Todesgefahr oder der letzten Nachricht zurückbezogen."

Nochmal auf deutsch, für gewöhnliche Steuerzahler: da Lohengrin seit mehr als fünf Jahren nachrichtenlos verschwunden ist, kann ihn der Richter am letzten Wohnsitz für verschollen erklären, wenn Elsa das beantragt. Hierzu muß er einen öffentlichen Aufruf starten (Publikation im Amtsblatt), daß jedermann und jedefrau, die über Lohengrins Verbleib Auskunft geben können, dies bis zu einem bestimmten Datum zu melden haben.

Wenn der verlorene Ehemann daraufhin von selbst reumütig zurückkehrt, ist natürlich alles wieder in bester Markenbutter. Wenn nicht, ist Elsa seit dem Zeitpunkt der Todesgefahr so gut wie Witwe.

Freddy Quinn legt sich richtig ins Zeug. Sein öffentlicher Aufruf an Lohengrin geht weit über die Grenzen der Schweiz und seiner Amtspflichten hinaus, denn über alle Kontinente und Meere, von Trini- bis Bagdad, von Folsom Prison bis zum Archipel Gulag, Lummer-, Is- und Feuerland schallt es: „Junge, komm bald wieder!". Da wird wahrlich nicht gekleckert, sondern geklotzt!

43

Erfolglos.

Der Junge kommt nicht wieder.

Seine Spuren sind wie vom Winde verweht.

Mehr als ein Jahr ist vergangen seit dem ersten öffentlichen Aufruf. Freddy hat sich schon heisergesungen, als endlich eine Nachricht eintrudelt.

Von einem gewissen Bello Othello, Via Gra 6 in Venedig:

> *"Ich bin en Italiano und hab gespielt Piano in eine Bar in Swizzera, wo habe gesehen in Amtsblatt was du wolle. Meine Informazion ist molto triste.*
>
> *Mann mit Schwanenboot hat nämlich gewohnt gerade visavia von mia bella cara Margareta. War sehr anständig, hat beschützt die belle donne und verdroschen die Papagalli.*
>
> *Er hat verdient paar Lire als Kuriere in Venezia. Ist viel gefahren in Canale und auch nach Porto Marghera, zu Fabrik. Arbeit war sehr, sehr gefährlich! Greenpiss hat dort gemessen hohen Anteil an Vinylchlorid, was Krebs macht. Auch Luft bei Rialtobrücke ist sehr verseucht mit Dioxin[27]. Erst ist Schwan sehr krank geworden, dann auch Lohengrin, und seit fünf oder sechs Jahren sind beide verschwunden, niemand je mehr gesehen Mann mit Schwanenboot."*

Adieu, rêve perdu.

Richter Quinn reicht Elsa den Brief über den Tisch. Que c´est triste, Venise, au temps des amours mortes![28] Deshalb spendiert er auch

---

[27]Die venezianischen Umweltsauereien sind leider nicht Produkte meiner schmutzigen Phantasie. Näheres bei Greenpeace und/oder sonstwo im Internet

[28]Darüber kann auch Charles Aznavour ein Lied singen!

gleich ein Päckchen Taschentücher.

Während sie sich schneuzend an den Gedanken gewöhnt, Lohengrin nie wiederzusehen, legt er schonmal diskret das Papier bereit, auf das die Verschollenerklärung geschrieben werden soll.

Wir beschäftigen uns inzwischen mit den Rechtswirkungen.

Lohengrins Hinterbliebene können daraus die gleichen Rechte ableiten wie wenn er vor ihren Augen den Tod erlitten hätte. Neben sozialversicherungsrechtlichen Ansprüchen sind dies für die Ehefrau auch solche aus Güterrecht.

Bis zum 31.12.99 hätte Elsa für eine Wiederverheiratung die Ehe **zusätzlich** noch gerichtlich auflösen lassen müssen (Art. 102 aZGB). Seit dem 1.1.2000 geht's in einem Aufwasch: „Die Verschollenerklärung löst die Ehe auf (Art. 38^3 nZGB).

Surfen wir zur Sicherheit auch noch rüber zum Erbrecht. Kann ja nicht schaden.

Dabei entdecken wir doch glatt einen Haken!

Die Erben dürfen nämlich nicht einfach so frei über das ihnen zugefallene Vermögen verfügen. Was, wenn Lohengrin eines Tages nach dem Fernweh das Heimweh packt? Dann kreuzt er vielleicht eines Tages doch noch auf, um Karfunkelsteine und die besonders wertvolle Designer-Rüstung zurückzufordern. Zumindest ihren Gegenwert. Genaues ist zu finden in Art. 546 ZGB:

„[1] Wird jemand für verschollen erklärt, so haben die Erben oder Bedachten vor der Auslieferung der Erbschaft für die Rückgabe des Vermögens an besser Berechtigte oder an den Verschollenen selbst

Sicherheit zu leisten.

[2] Diese Sicherheit ist im Falle des Verschwindens in hoher Todesgefahr auf fünf Jahre und im Falle der nachrichtlosen Abwesenheit auf 15 Jahre zu leisten, in keinem Falle aber länger als bis zu dem Tage, an dem der Verschollene 100 Jahre alt wäre.

[3] Die fünf Jahre werden vom Zeitpunkte der Auslieferung der Erbschaft und die 15 Jahre von der letzten Nachricht an gerechnet."

Wenn er innerhalb dieser Fristen vor der Tür steht, kann er den Erbgang zu seinen Gunsten rückabwickeln, Art. 547 ZGB ermöglicht ihm das.

So geht's.

Aber es geht auch anders.

Es kommt darauf an, worauf es Elsa ankommt:

Wenn Lohengrin beträchtliche Vermögenswerte zurückgelassen hat und gut versichert ist, könnte sich für sie der nicht gerade geringfügige Aufwand noch lohnen, der für eine Verschollenerklärung erforderlich ist. Wenn sie aber in erster Linie einen klaren sauberen Schnitt haben will, könnte sie sich auch scheiden lassen (s. S. 134). Wenn sie wieder heiraten will, muß sie jedenfalls belegen, daß die Ehe mit Lohengrin aufgelöst ist; mit welchem Papier sie das tut, ist eigentlich egal.

Heutzutage verschwinden Ehepartner gewöhnlich nicht in Schwanenbooten, dafür gibt es bedauerlicherweise noch immer Schiffe, die sinken, oder Flugzeuge, die abstürzen können. Auch die Nachforschungen gestalten sich etwas zeitgemäßer. Nichtdestotrotz kann es sehr mühsam und ergebnislos sein, jemanden aufzutreiben, der sich ins schwärzeste Afrika, den dichtesten Regenwald oder das abgelegenste asiatische Kloster verdrückt hat. Da gilt es die gleichen Alternativen abzuwägen wie bei Lohengrin.

Blick über die Grenzen

Im **Iran** müßte Lohengrin seinen Abgang nicht derart stilvoll, aber umständlich gestalten. Art. 1133 des iranischen ZGB garantiert jederzeit freie Fahrt für freie Männer: „Der Mann kann seine Frau verstoßen, wann er will."[29] Dann ist auch die Frau wieder zu haben.

Der Iran hat übrigens mit der Schweiz ein Abkommen, daß iranisches Recht anzuwenden ist, wenn beide Ehepartner iranische Staatsangehörige sind. Das ist eine Ausnahme vom Domizilprinzip des schweizerischen IPR (s. S. 2). Allerdings muß das Ergebnis im Zweifelsfall noch irgendwie unter den Hut des ordre public gebracht werden können.[30] So ist etwa der Brautpreis an sich eine sinnvolle Sache: er soll die Frau finanziell absichern für den Fall, daß die Ehe durch Tod oder Scheidung aufgelöst wird. Wenn jedoch damals als Brautpreis lediglich ´n Appel und ´n Ei vereinbart wurden, kann sich ein in der Schweiz lebender Iraner nicht darauf berufen, daß seine zukünftige Ex-Ehefrau bereits bei der Heirat abgefunden wurde. ´n Appel und ´n Ei reichen beim besten Willen nicht zur Deckung des Lebensbedarfs! Zumindest nicht in der Schweiz.

---

[29]Bergmann/Ferid, Iran (1983), p. 27

[30] Aldeeb, persönliche Mitteilung

Eheschließung:
„Ja" - wozu?

Wir haben gesehen, welche Bedingungen erfüllt sein müssen, um eine Ehe schließen zu können: Mündigkeit, Urteilsfähigkeit, keine Ehehindernisse, keine bestehende Ehe.

Wenn alle Hürden genommen sind und die Kandidaten ihren ersten Liveauftritt beim Zivilstandsamt des Wohnsitzes hinter sich, sprich: den notwendigen Papierkram abgeliefert haben (Art. 105 aZGB/Art. 98 nZGB; Art. 150 ZStV), sind alle Voraussetzungen zur Tat erfüllt. Wie geht's weiter?

Tatzeit:	Frühestens 10 Tage (Art. 105-113 aZGB; Art. 100 nZGB) bis spätestens drei Monate danach (Art. 100 nZGB).
	Falls Gefahr besteht, daß einer von beiden diese 10 Tage nicht überlebt, kann diese Frist abgekürzt werden (Art. 100² nZGB/Art. 115 aZGB).
Tatort:	Öffentlich im Traulokal jedes beliebigen Ortes in der Schweiz, außer bei Nachweis offensichtlicher Unzumutbarkeit, wegen Krankheit etwa (Art. 116 aZGB/ Art. 101 und 102 nZGB).
Tatzeugen:	Zwei Mündige (Art. 116 aZGB) bzw. zwei mündige Urteilsfähige (Art. 102 nZGB). Daß später ja niemand seine Tatbeteiligung abstreiten kann!
Tathergang:	Bis Ende 1999 Art. 117 aZGB:

„[1] Der Zivilstandsbeamte richtet an den Bräutigam und an die Braut die Frage, ob sie die Ehe miteinander eingehen wollen.

48

[2] Nach Bejahung dieser Frage erklärt der Zivilstandsbeamte, daß durch diese beidseitige Zustimmung die Ehe kraft des Gesetzes geschlossen sei."

Seit dem Jahr 2000 läuft's auch nicht wesentlich anders, nur am Text ist politisch korrekt rumgeschraubt worden, die Frau wird zuerst gefragt und der alte Art. 117 ist neu in Art. 102 nZGB integriert:

„[2] Die Zivilstandsbeamtin oder der Zivilstandbeamte richtet an die Braut und an den Bräutigam einzeln die Frage, ob sie miteinander die Ehe eingehen wollen.

[3] Bejahen die Verlobten die Frage, wird die Ehe durch ihre beidseitige Zustimmung als geschlossen erklärt".

Motiv: Nach dem fragt kein Mensch!

Urteil: Lebenslänglich, mit Begnadigungsmöglichkeit bei Nichtbewährung. Bis zum 31.12.1999 vorzeitige einseitige Entlassung unter Angabe von Gründen jederzeit möglich. Seit dem 1.1.2000 minimal zwei Monate bis maximal vier Jahre Kündigungsfrist, Begründung juristisch weder erforderlich noch erwünscht.

Über die Modalitäten der Begnadigung ist im Zusammenhang mit dem Thema Scheidung die Rede.

Beschäftigen wir uns noch kurz mit den Motiven der Ja–Sager, wenngleich diese nicht rechtsrelevant sind. Was heißt das schon, „die Ehe miteinander eingehen wollen"? Ob tatsächlich jemand mit angemessener Gründlichkeit die Artikel 159 bis 180 ZGB studiert hat, in denen die Wirkungen der Ehe festgehalten sind, oder gar die Artikel 181 bis 251 ZGB, in denen es ums Güterrecht geht, ist zweifelhaft. Dabei soll man doch keinen Vertrag unterschreiben, ohne den Inhalt zu kennen. Ach ja, „le cœur a ses raisons que la raison ne connaît

49

point"[31]!

Was könnten Brautleute denn meinen, wenn sie sagen, sie wollen die Ehe eingehen?[32]

Romeo und Julia könnten vor den Querelen der Alten Ruhe haben oder ihnen nochmal ordentlich die Zunge rausstrecken wollen. Was bleibt, wenn keine Hindernisse mehr zu überwinden sind?

Cinderella (Aschenputtel) findet es vielleicht toll, daß er den richtigen Riecher dafür hat, was sie wirklich will, auch wenn sie sich völlig anders verhält. Obwohl sie davongelaufen ist und sich versteckt hat, war ihm kein Aufwand zu groß, um sie zu finden. Er gibt sich richtig Mühe, und das soll auch so bleiben.

Rockefella, der Aschenputtelprinz, der schon als Kind gerne Ostereier gesucht hat, mag sich darauf gefreut haben, nun regelmäßig Verstecken spielen zu können. Falls es mit ihr langweilig werden sollte - der Pappa wird´s schon richten! Der könnte dann nochmal so ein Casting veranstalten, wo er die Puppen tanzen läßt. Man gönnt sich ja sonst auch alles.

Schneewittchen war die schönste Haushälterin, die der ebenfalls

---

[31] Blaise Pascal

[32] Wenn man sich erfrecht, eine solche Frage tatsächlich zu stellen, gibt´s meist irritierte Blicke, und es wird was von „Liebe" gemurmelt. Ein vielstrapaziertes Wort, mit einem Riesenspektrum, das vom Erotikbusiness bis zu Albert Schweitzer & Co. reicht - mit vielen, vielen Nuancen! Irgendwann hörte ich einmal, daß die arabische Sprache nicht weniger als 60 Worte für „Liebe" haben soll. Als ich kürzlich einen befreundeten Wissenschaftler, Salem Ounaiess, fragte, ob das stimmt, korrigierte er: nein, es gibt im Arabischen nicht 60, sondern 300 (!) Worte für "Liebe". Als Linguistikprofessor an der Universität Tunis kann man ihm das durchaus glauben. Wenn zwei Leute von „Liebe" reden, wie hoch ist dann wohl die Wahrscheinlichkeit, daß sie dasselbe meinen?!

schöne Prinz je gesehen hatte. Sie den Zwergen abzuwerben, mag ihm zu aufwendig gewesen sein. Sie ist so schön und macht den Mund nicht auf - eine Traumfrau!

Schneewittchen mag sich gedacht haben: "Irgendjemand muß mir sowieso immer sagen, was ich tun soll. Die Zwerge waren ja ganz nett, aber ein Mann von normaler Größe wär' auch mal nicht schlecht."

Miß Zicki, die Ballspielerin aus "Froschkönig": "Hauptsache, er spurt. Wenn wir erstmal verheiratet sind, kann mir mein Vater nicht mehr die Tour vermasseln mit so selbstverwirklichungsfeindlichen Vorschriften wie "Versprechen müssen gehalten werden"!"

Kermit, der Froschkönig: "Wenn wir erst mal verheiratet sind, wird sie schon lernen, sich wie ein erwachsener Mensch zu benehmen anstatt den ganzen Tag nur Ball zu spielen!"

Elsa: "Lohengrin wird mir sämtliche Unannehmlichkeiten vom Hals halten, und wenn wir erstmal verheiratet sind, erzählt er mir sicher auch das eine oder andere, was er jetzt nicht raustun will."

Lohengrin: "Ich brauche jetzt einen sicheren Platz zum Untertauchen, und wenn sie mich doch fragt, wo ich herkomme, hab ich ein gutes Argument, wieder die Flatter zu machen".

(Ähnlichkeiten mit lebenden Personen sind sehr wahrscheinlich)

Ob die Rechnungen jeweils aufgehen? Schon im Jahre 1616 vertrat ein gewisser Blasius Multibibus die Ansicht: „Es ist nicht nötig/ das auß einer Löffeley flugs Hochzeit werde"[33].

Man kann ihm nicht widersprechen.

---

[33]Blasius Multibibus: <u>Jus Potandi oder Zechrecht.</u> Druck der Ausgabe von 1616. Luchterhand 1997, p. 94.

Blick über die Grenzen:

Kenia kennt nicht weniger als fünf verschiedene Systeme, die sich allerdings zum Teil überschneiden. Eine Ehe kann geschlossen (und geschieden) werden nach

- dem allgemeinen staatlichen Recht, entweder

    als zivile Ehe nach dem Marriage Act, oder

    als christliche Ehe nach dem African Christian Marriage and Divorce Act

- Hindu-Recht

- Islamischem Recht

- Afrikanischem Gewohnheitsrecht.

Kenianische Hindus müssen sich je nach Angehörigkeit für eine von zwei Zeremonien entscheiden:

Saptapadi - Braut und Bräutigam gehen gemeinsam sieben Schritte vor dem heiligen Feuer, und mit Vollendung des siebten Schrittes ist die Ehe geschlossen, „complete and binding".

Anand Karadj - Braut und Bräutigam gehen gemeinsam um den „Granth Sahib" herum, und sobald der vierte Rundgang komplett ist, ist die Ehe geschlossen[34].

Vor aktiver Teilnahme an folkloristischen Veranstaltungen unbekannter Bedeutung in fernen Ländern sei schonmal vorsorglich gewarnt!

.

---

[34]Bergmann/Ferid, Kenia (1992)

Forever and ever

- Weiterbestand gültig
geschlossener Ehen -

Ehe unter Gleichgeschlechtlichen:
Aus bel ami wird belle amie

[Schneewittchen 3]

Harri Beau hat also nach der Scheidung von Schneewittchen seine neugestylte Schwiegermutter geheiratet. Nun können sie zusammen schön sein.

Den Spiegel hat sie natürlich zwecks Kontrolle ihres Äußeren immer noch. Harri möchte sich so gerne auch mal mit dem Spiegel unterhalten, aber der weigert sich beharrlich, Art. 8 BV zu beachten. Er beantwortet nämlich die bekannte Frage in verfassungswidriger Geschlechterdiskriminierung immer nur für die weibliche Version. Da kann er sich stundenlang hinstellen und wissen wollen, wer *der* Schönste im ganzen Land ist - nix zu wollen. Und so wächst in ihm der Wunsch immer mächtiger: er möchte auch eine Frau sein!

Nichts ist unmöglich, und so zieht er das ganze Procedere durch. Geht zwei Jahre zum Psychiater, bis der bestätigt, daß es ihm ernst ist mit der Geschlechtsumwandlung, und daß er unwiderruflich endlich sein wahres Geschlecht annehmen und eine Frau werden will. Dann zahlt sogar die Krankenkasse die Operation.

Nun, wo er anatomisch eine Frau ist, muß dies rechtlich nachvollzogen werden[35]. Nachdem seine Verwandlung gerichtlich bestätigt worden ist, wird das auch im Register vermerkt. Da entweder die neuerschaffene Frau oder der zuständige Beamte doppelt sieht, zittert

---

[35]Wie das geht und welche Auswirkungen die Geschlechtsumwandlung hat siehe Geiser, Thomas: <u>Aspects juridiques de la transsexualité</u>. Section suisse de la CIEC/Office fédéral de la justice (Hrsg.): Mélanges édités à l'occasion de la 50ème Assemblée générale de la CIEC, Neuchâtel 1997, S. 33 - 46

oder des Lesens und Schreibens nicht in befriedigendem Umfang kundig ist, wird als neuer Vorname „Matta Harri" notiert.

Halt - haben wir jetzt nicht ein Problem?

Als er noch ein Mann war, schloß er eine gültige Ehe mit einer Frau, wie das Gesetz es befahl. Aber jetzt ist er, ähm, sie ja eine Frau, und mit einer Frau verheiratet! Geht das denn? Scheiden lassen wollen sich beide nicht. Müßten sie´s denn? Immerhin gelten hierzulande Ehen zwischen Gleichgeschlechtlichen als ordre-public-widrig. Eine Heirat von zwei Männchen oder zwei Weibchen wäre gar nicht möglich, obwohl das nirgendwo ausdrücklich im Gesetz steht.

Matta Harri ist sozusagen Quereinsteigerin. Das erinnert an verheiratete katholische Priester, die es vereinzelt durchaus gibt. Was macht man nicht alles aus Personalmangel! Da ist die Kirche derart froh, wenn ein (verheirateter) Mann Priester werden will, daß sie ein Auge zudrückt und ihn seinen Zivilstand beibehalten läßt. Schließlich gibt´s im katholischen Recht die Scheidung sowieso nicht.

Darf Matta Harri mit einer Frau verheiratet bleiben?

Die längste Zeit bestand zu dieser Frage eine Gesetzeslücke. Inzwischen gibt es jedoch ein Präjudiz in Sachen Weiterbestand der gültig geschlossenen Ehe nach Geschlechtsumwandlung[36]: die bestehende Ehe ist kein Hindernis für die Feststellung des geänderten Geschlechts, und sie muß auch nicht aufgelöst werden. Scharf formuliert Ivo Schwander in seinem Kommentar zum erwähnten Entscheid: „Jedenfalls darf es - wegen veränderter Verhältnisse während der einmal gültig geschlossenen Ehe - in einem Rechtsstaat in keinem Fall zu „Zwangsscheidungen" kommen; solche wären extreme Auswüchse des Staats- oder Religionstotalitarismus und sind auch de lege feren-

---

[36]Publiziert in AJP/PJA 3, 1997, 340-345

da absolut indiskutabel" (p. 345).

Blick über die Grenzen

In den **Niederlanden** setzt Art. 29a des Burgerlijk Wetboek für eine Eintragung der Geschlechtsänderung voraus, daß der/die Gesuchstellende nicht verheiratet ist. Zudem, daß ein Mann „nimmer meer in staat zal zijn kinderen te verwekken" bzw. eine Frau „nimmer meer in staat zal zijn kinderen te baren". Was da für Deutschsprachige wie mittelalterlicher Minnesang anmutet, bedeutet im Klartext: fortpflanzungsmäßig muß der Ofen definitiv aus sein. Wenn eine allfällig bestehende Ehe vorher aufgelöst worden sein muß, stellt sich logischerweise gar nicht die Frage nach deren Fortbestand.

Mit der sprichwörtlichen deutschen Gründlichkeit wurde in der **BRD** das „Transsexuellengesetz" (TSG) geschaffen. Wer sich dem anderen Geschlecht zugehörig fühlt, seit mindestens drei Jahren „unter dem Zwang steht", nach diesen Vorstellungen zu leben und mindestens 25 Jahre alt ist, kann bei Gericht eine **Vornamensänderung** beantragen (§1 TSG). Der Hit von § 7 TSG: „Die Entscheidung, durch welche die Vornamen des Antragstellers geändert worden sind, wird unwirksam, wenn (1) nach Ablauf von dreihundertzwei Tagen nach der Rechtskraft der Entscheidung ein Kind des Antragstellers geboren wird, mit dem Tag der Geburt des Kindes", oder wenn die Vaterschaft festgestellt oder wenn eine Ehe eingegangen wird. Daraus geht ja eh hervor, daß das mit der Geschlechtszugehörigkeit wohl doch nicht so ernst gemeint war, und man kehrt automatisch zu den Wurzeln des ursprünglichen Vornamens zurück.

Ernst wird's, wenn nicht nur der Vorname, sondern auch das **Geschlecht** geändert werden soll. Dazu verlangt § 8 TSG u.a., daß die antragstellende Person nicht verheiratet, dauernd fortpflanzungsunfähig und chirurgisch dem anderen Geschlecht zumindest angenähert ist. Das Gesetz trat am 1.1.1981 in Kraft.

Was war mit den Paaren, deren (weiland gültig geschlossenen) Ehen aufgrund der früheren Gesetzeslücke noch bestanden? In der Übergangsvorschrift von § 16 TSG heißt es dazu: „.... ist ihre Ehe nicht inzwischen für nichtig erklärt, aufgehoben oder geschieden worden, so gilt die Ehe mit dem Inkrafttreten dieses Gesetzes als aufgelöst. Die Folgen der Auflösung bestimmen sich nach den Vorschriften über die Scheidung."

Zwangsscheidung per Gesetzesakt. Was Schwander dazu meint, wissen wir ja.

Polygyne Ehe:
Ali Baba und die vierzig Weiber

Wer je einmal einen orientalischen Basar betreten hat, hat einen lebhaften Eindruck von den legendären „Wohlgerüchen Arabiens". Und erst die Läden, in denen Parfumessenzen feilgehalten werden - Sandel, Zeder, Rose, Jasmin... ein Traum aus 1000 Düften!

Ali Baba ist Araber. Er besitzt unter anderem 1. eine Parfumfabrik, 2. unternehmerisches Gespür und 3. den Drang, international zu expandieren. In der Schweiz hat er bereits die erste Filiale, die ersten Bankkonten und die erste Villa. Seine Firma läuft sehr gut, und nach Lehr- und Wanderjahren in diversen arabischen Ländern möchte er sich in der Schweiz niederlassen.

Wenn er erstmal hier ist, kann er so richtig aufdrehen. Was das für Arbeitsplätze schafft!

Jetzt gibt es da aber ein kleines Problem:

Der heißblütige Ali ist Moslem, und als solcher darf er im Prinzip so viele Ehefrauen haben, wie er lieben und unterhalten kann. Bei seinem großen Herzen und der florierenden Fabrik liegt einiges drin! Die meisten arabischen Staaten beschränken zwar die Anzahl der Ehefrauen auf deren vier[37]. Die können dann wenigstens miteinander

---

[37]Koran, Sure 4, Vers 3: „Und so ihr fürchtet, nicht Gerechtigkeit gegen die Waisen zu üben, so nehmt euch zu Weibern, die euch gut dünken, (nur) zwei oder drei oder vier; und so ihr (auch dann) fürchtet nicht billig zu sein, heiratet nur eine oder was eure Rechte (an Sklavinnen) besitzt. Solches schützt euch eher vor Ungerechtigkeit."
Was die Gleichbehandlung der Frauen betrifft, heißt es in Vers 129: „Nimmer ist es euch möglich, in (gleicher) Billigkeit gegen eure Weiber zu verfahren, auch wenn ihr danach trachtet. Doch wendet euch nicht gänzlich (von der einen oder andern) ab"

Quartett spielen, wenn´s ihnen langweilig wird. Aber Ali war früher mal Seemann und hatte in jedem Hafen ´ne Braut, wie sich´s gehört. Er ist viel rumgekommen! Zehn Staaten à durchschnittlich vier Bräute, die er als Ehrenmann schließlich auch geheiratet hat, macht zusammen vierzig.

Ali Baba möchte nun endlich einmal seine ganze Familie beisammen haben, und die Frauen könnten sich im Betrieb nützlich machen. Da sie ihn alle lieben, muß er auch keinen Ärger befürchten, wenn´s mal Überstunden gibt oder so. Lassen wir die Details und kommen wir zur Sache.

Schweizer Bürger/innen oder Niedergelassene dürfen im Rahmen des Familiennachzugs ihre ausländischen Ehepartner/innen zu sich holen. Üblicherweise handelt es sich um monogame Ehen, und die sind schließlich auch in der Schweiz üblich und werden anerkannt. Wie ist es aber mit polygamen Ehen, die hierzulande nicht gestattet sind und auch dem ordre public widersprechen? Darf Ali Baba seine vierzig Weiber auf einen Schlag importieren?

All diese Ehen wurden im Ausland unter Anwendung des ausländischen Rechts gutgläubig geschlossen. Mit anderen Worten: sie sind gültig.

Mit dieser Info im Hinterkopf zappen wir uns durchs IPRG, bis wir bei Art. 45[1] hängenbleiben: „Eine im Ausland gültig geschlossene Ehe wird in der Schweiz anerkannt".

Auch polygame Ehen???

Jawoll, auch polygame Ehen, sofern sie in einem Land begründet worden sind, wo sie mit dessen Rechtsordnung kompatibel sind.

(Der Koran. Aus dem Arabischen übersetzt von Max Henning. Einleitung und Anmerkungen von Annemarie Schimmel. Stuttgart 1960).
Auf deutsch: Jungs, wenn ihr mehrere Mädels haben müßt, dann seid wenigstens fair!

Wer´s nicht glaubt, möge sich zur Sicherheit noch einen Kommentar zu Gemüte führen[38]. Was der Imam zusammengeführt hat, soll die Schweizer Fremdenpolizei nicht auseinanderreißen!

Sollte Ali jedoch ein Auge aufs Vreneli vom Guggisberg werfen und sie heiraten wollen, muß er erst 40 Scheidungen hinter sich bringen.

Blick über die Grenzen

In **Tunesien** ist die Gleichstellung von Mann und Frau in der Verfassung verankert. Das impliziert u.a. gleiche Bildungschancen. Den Brautpreis gibts zwar noch, aber er braucht nicht mehr als einen symbolischen Dinar zu betragen[39]. In welchem arabischen Land gibts sonst noch ne Frau für knapp einsfünfzig! Die Polygamie ist schon seit 1956 abgeschafft. Wer dennoch eine zweite Frau heiratet, kommt mit einer Buße von schlappen 200 Dinar davon[40].

Dafür gibt´s bei den Schiiten **zusätzlich** zu den vier regulären Frauen die Möglichkeit der befristeten Ehen. „Zeitliche" Ehe klingt noch ziemlich harmlos, wenn man den deutschen Text des **iranischen** Zivil-

---

[38] z. B. Schwander, Ivo: Einführung in das Internationale Privatrecht. Zweiter Band/Besonderer Teil. St. Gallen/ Lachen SZ 1997. Speziell p. 56 ff, „Anerkennung der im Ausland geschlossenen Ehe"

[39] Rieck, Jürgen: Die Rolle des Islam bei Eheverträgen mit einem nichtmoslemischen Ehepartner, in: Ebert, Hans-Georg (Hrsg.) Beiträge zum Islamischen Recht. Peter Lang Europäischer Verlag der Wissenschaften, 2000

[40] s. Bergmann/Ferid, Tunesien (1996)
Als ich M. Naila Ounaiess mal grinsend darauf ansprach, wie billig Bigamisten offenbar immer noch davonkommen, erfuhr ich live aus tunesischem Juristenmund, daß es mitnichten bei der (zivilrechtlichen) Buße bleibt, sondern bei Bigamie strafrechtlich auch noch Gefängnis drinliegt!

gesetzbuches liest. Der Originalausdruck lautet jedoch „منعة" [mutʿa] „Genuß". Eigentlich ist diese Variante nichts anderes als ein Griff in die Trickkiste, da Moslems außerehelicher Sex verboten ist[41].

---

[41]s. Bergmann/Ferid, Iran (1983); Aldeeb, Sami: Mariages entre partenaires suisses et musulmans (1998)

Registrierte Partnerschaft/ Ex Oranje lux:
Nicht ohne meinen Obelix!

Als die Römer frech geworden, zogen sie nach Galliens Norden, wo das unbesiegbare Heimatdorf von Asterix und Obelix allen Eroberungsversuchen erfolgreich widerstanden hatte[42]. Da alle Wege nach Rom führen, kehrten sie wieder dahin zurück.

Irgendwann starteten sie eine neue Offensive, aber etwas subtilerer Natur. Die eine Hälfte der Römer schuftete schwer und redlich, eröffnete Pizzerien und Eisdielen, die andere Hälfte kloppte alles wieder kurz und klein, wenn kein Schutzgeld bezahlt wurde. Sie erledigten also ihre Kämpfe im wesentlichen intern. Das ist alles schon so lange her, daß sich's wahrscheinlich niemand mehr vorstellen kann!

Was wurde aus Asterix und Obelix?

Nun, sie waren eines Tages durstig von der Wildschweinjagd zurückgekommen. Miraculix, der Druide, hatte gerade einen Kessel mit einer Flüssigkeit zum Abkühlen beiseite gestellt und war die letzte Zutat für den Zaubertrank holen gegangen. Asterix und Obelix hatten sich über das Gebräu hergemacht und es restlos ausgetrunken. Als Miraculix zurückkam, war's zu spät, sie hatten's schon intus. Was dieser unfertige Zaubertrank bewirken würde, davon hatte niemand eine Ahnung. Das sollte sich erst mit der Zeit herausstellen.

Die Dorfbewohner wurden alle mit der Zeit älter, und irgendwann kam für jeden das unausweichliche Ende.

---

[42] Ausführliche Wort- und Bilddokumentationen, etwa 30 Bände, bei Goscinny, René und Uderzo, Albert: „Asterix und...", je nachdem, worum's geht. Deutsch im Delta-Verlag, Stuttgart

Wirklich für jeden?

Oh nein!

Was war da nur mit Asterix und Obelix los? Sie sahen immer noch gleich aus! Mehr noch, sie blieben nicht nur jung, sondern auch fit. Es war, als sei ihre biologische Uhr stehengeblieben.

Wie sie die folgenden Jahrhunderte verbrachten, ist nicht dokumentiert.

Als wir so zwischen 1990 und 2000 ihre Spur wiederfanden, hatten sie sich bereits im Königreich der Niederlande etabliert. Wahrscheinlich hatte es sie nach Zwijndrecht gezogen, weil der Name dieses Ortes auf reichliches Wildschweinvorkommen schließen ließ.

Sie führen ein eher beschauliches Dasein in der Mooie Molen und haben feste Saisonjobs im Versandhandel: wenn der Frühling kommt, verschicken sie Tulpen aus Amsterdam. Tausend rote, tausend gelbe, jedes Jahr der Lohn derselbe, und der reicht dann wieder für eine Weile.

Ihr Verhältnis haben sie legalisiert. Man weiß ja nie, ob die Wirkung von Miraculix' Trank auf die Dauer den Attacken von saurem Regen und anderer Umweltverschmutzung widerstehen kann. Oder ob nicht doch irgendwann die Wirkung des Tranks nachläßt, nach Hunderten von Jahren! Es könnte einem oder beiden gehen wie bestrahlten Tomaten: die sehen ja auch wochenlang frisch und knackig aus, und dann sind sie von einem Tag auf den anderen Matsch. Oder es könnte einem von beiden ein Backstein auf den Kopf fallen, dann ist der andere Witwer. Auf jeden Fall wollten sie vorsorgen.

Am liebsten würden sie ja richtig heiraten, aber der entsprechende

Gesetzesentwurf ist noch in der Pipeline[43]. So eine registrierte Partnerschaft, wie sie sie gleich im Januar 1998 eingegangen sind, ist ohnehin fast mit einer Ehe identisch[44]. Zwei Wochen vor dem geplanten Termin waren sie auf dem Standesamt, um ihre Anzeige einzureichen. U.a. mußten sie nachweisen, daß sie weder verheiratet noch bereits mit anderen Partnern registriert sind. Bei der Zeremonie selbst waren Jan und Hein und Klaas und Pitt zugegen, obwohl zwei Zeugen genügen. Beide tragen nun den selben Nachnamen; ob sie sich für den von Asterix oder Obelix entschieden haben, kann uns ja egal sein. Wenn sie noch Verwandte hätten, entstünde Schwägerschaft. Auch güter-, erb- und mietrechtlich sind sie Ehepaaren gleichgestellt, desgleichen im Straf-, Steuer-, Sozialversicherungs- und Rentenrecht. Selbst im Gesetz über die Organspende sind ihre Rechte als registrierte Partner erwähnt.

So weit, so gut.

So könnte es die nächsten hundert Jahre weitergehen.

Ob die einzelne Überdosis damals ausgereicht hat, oder ob Asterix regelmäßig den Trank nachbraut, weil er sich die Zusammensetzung gemerkt hat - wir wissen´s nicht.

Es gibt da aber jemanden, der´s unbedingt wissen will.

Eine Basler Pharmafirma hat Wind davon bekommen, daß es Asterix

---

[43]s. www.minjust.nl/a_beleid/fact/cfact11.htm (wetsvoorstel Openstelling van het huwelijk voor personen van gelijk geslacht)

[44]s. BW, Boek 1, Titel 5A: Het geregistreerd partnerschap (Art. 80a - 80e). Erläuterungen dazu in der Broschüre "Het geregistreerd partnerschap" (Ministerie van Justitie, Directie voorlichting, Postbus 20301, NL-2500 EH Den Haag), unter www.wetwegwijzer.nl/ohuwelij.htm, www.uqjlaw.nl/nladvofaxen/af2-3.html, www.onsbelang.nl/a_beleid/fact/cfact11.htm u.a.m.

und Obelix immer noch gibt, und ist natürlich heiß auf das Rezept dieses Tranks, der offenbar sowas wie ewige Jugend verleiht. Vielleicht ist sogar Miraculix' Original-Zaubertrank-Rezeptur noch in Erfahrung zu bringen, die könnte man patentieren, gentechnisch nachbauen... Pharma Riese möchte Asterix jedenfalls unbedingt auf der Gehaltsliste haben.

So kommt's wie's kommen muß.

Eines Tages, als die beiden sich gerade friedlich über Pils und Kaas hermachen, flattert unseren gallischen Freunden ein Brief aus feinstem Büttenpapier ins Haus. Er sei hier auszugsweise wiedergegeben:

Sehr geehrter Herr Asterix!

Es ist uns zur Kenntnis gelangt, daß Sie sich nach dem Genuß einer Getränkekomposition des Druiden Miraculix vor gut 2'000 Jahren noch immer bester Kraft und Gesundheit erfreuen.

Da all unser Forschen und Streben dahin geht, der Menschheit Kraft und Gesundheit zu verschaffen und ihrem Wohle zu dienen, gestatten wir uns, Ihnen höflichst einen Vorschlag zu unterbreiten:

Wir offerieren Ihnen eine Anstellung in unserer Abteilung „Forschung und Entwicklung". Selbstverständlich zu Top-Konditionen bezüglich Gehalt und Nebenleistungen! Wir bieten Ihnen eine geschmackvoll eingerichtete Residenz mit Park und eigenem Wildschweingehege, ferner einen privaten Fünfsternekoch, einen gutsortiertem Weinkeller, Mitgliedschaft in unserem exklusiven, ausschließlich VIPs zugänglichen Golfclub im Elsaß, Jahresabonnement im Zolli...

...Ihr Labor werden wir ganz nach Ihren Wünschen einrichten und weder Kosten noch Mühen scheuen, Ihnen das weltbeste Equipment sowie die absolute Elite erstklassiger Wissen-

schaftler als Ihre Assistenten zur Verfügung zu stellen ...

... Sollte Ihnen eine andere Firma ein besseres Angebot vorlegen, was fast nicht denkbar wäre, so ersuchen wir Sie höflichst, vorgängig einer Entscheidung mit uns Rücksprache zu halten..."

Mit vorzüglichster Hochachtung,

Pharma Riese

Obelix bohrt versonnen Löcher in den riesigen Gouda. „Hey, waren wir da nicht schonmal? Ist das nicht das Land mit den hohen Bergen, wo die Leute singen wie Troubadix?"

Asterix erinnert sich wehmütig an den Barden. Wie viele Jahrhunderte ist es schon her, daß er sein endgültig letztes Lied zu singen versuchte? Ein paar Tränen tropfen ins Pils, aber er reißt sich zusammen. „Du Dödel du ..."

„Ja, so ähnlich klang es!"

„Nein, ich wollte dir Dödel doch nur erklären, daß das „Jodeln" heißt!"

Der Gouda sieht inzwischen schon aus wie ein Emmentaler, und Obelix kramt in seinem Gedächtnis:

„Gibt´s dort nicht mindestens genauso gute Schokolade wie hier? Die Kühe sollen sogar hübscher sein als die Mädchen!"

Er hat sich inzwischen zum Motto gemacht „no woman, no cry". Den Blick fürs Schöne hat er nach wie vor.

Je länger sie über einen möglichen Tapetenwechsel diskutieren, desto mehr begeistern sie sich für die Idee, in die Schweiz zu ziehen und mal was anderes zu arbeiten. Rosen, Tulpen, Nelken sind ja ganz schön, aber für eine Schweizer Pharmafirma Tränke zu brauen, ist zur Abwechslung auch mal ganz spannend. Sie schauen im Atlas nach, was in der Gegend gleich geblieben ist und was sich verändert hat.

„Schau mal, der Rhein, den haben sie begradigt, der floß doch früher ganz anders!" Aber Obelix hat nicht Wasser im Sinn, sondern Wälder. Wegen der Wildschweine. Was er sieht, erfüllt ihn mit Begeisterung.

„Gleich vor der Tür sind ja Vosegus und Silva palatina - das größte zusammenhängende Waldgebiet in Europa! Das hat sich ja gar nicht groß verändert, obwohl die Staufer und Salier so an die 300 Burgen gebaut haben!"

„Ach, Obelix, in welchem Jahrhundert lebst du denn?! Die sind doch längst verfallen, die Stätten wüst und leer, fragst du nach den Bewohnern, du findest sie nicht mehr!"

„Mich interessieren ja sowieso nur die Wälder mit den Wildschweinen! Hauptsache, die sind nicht so weit weg!"

Inzwischen ist beiden nämlich klar, daß sie gerne bei Pharma Riese einsteigen würden.

Asterix, an den deren Brief adressiert war, schreibt zurück (Auszug):

> „....Gerne bin ich bereit, Ihr Angebot anzunehmen - allerdings unter einer Bedingung:
>
> Nicht ohne meinen Obelix! Wir sind registrierte Partner und wünschen Anerkennung unseres Status´ mit allen Rechtsfolgen..."

Bald darauf kommt die Antwort.

> „.... entschuldigen Sie vielmals unser Versehen! Unser Angebot bezieht natürlich auch Herrn Obelix ein. Zusätzlich stellen wir Ihnen beiden rund um die Uhr einen Learjet zur Verfügung, der Sie jederzeit vom Flughafen Mulhouse zur Ramstein Air Base - im Herzen eines herrlichen Jagdgebietes - bringen

wird. Selbstverständlich sind wir bereit, auch für Herrn Obelix eine Aufenthaltsgenehmigung in der Schweiz zu besorgen. Wir müßten dies allerdings im Rahmen einer (proforma-)Anstellung in unserer Firma tun. Familiennachzug ist derzeit als Rechtsgrundlage leider nicht möglich. In unserem Lande wird die registrierte Partnerschaft nicht anerkannt, was bedauerlicherweise auch die übrigen Rechtsfolgen betrifft..."

Asterix läßt den Brief sinken und murmelt: „Die Dödel die!"

Obelix, der gerade ein Faß aufmacht, fragt: „Übst du schonmal das Jodeln?"

„Nein, du Dödel du! Ich tu nur meinen Unmut in Form einer abfälligen Bemerkung kund!"

„Red nicht so gestelzt!", meint Obelix, während er sich eine Handvoll Hollandse Nieuwe in den Mund stopft,„sag besser, wann wir die Koffer packen! Ach, diese köstlichen Heringe werd ich vermissen!"

„Ja, man hört, wie's dir schmeckt!", erwidert Asterix, „Aber ich fürchte, aus unserem Umzug wird nichts. Jedenfalls nicht, so lange die unsere registrierte Partnerschaft nicht anerkennen."

„Warum nicht?"

„Weil es sowas in der Schweiz nicht gibt. Die erkennen nur Ehen an."

„Die spinnen, die Schweizer!", findet Obelix. „Unsere registrierte Partnerschaft ist doch fast das selbe wie eine Ehe!"

Stimmt. Sie haben dieselbe gesetzliche Beistands-, sprich: Unterhalts- und Unterstützungspflicht. Wenn einer von beiden in Not gerät, müssen/können sie nicht einfach Vater Staat zur Kasse bitten. Da sie sich schon Hunderte von Jahren kennen, haben sie keinen Güterrechtsvertrag geschlossen, sondern den gesetzlichen Güterstand übernommen; in den Niederlanden ist dies die allgemeine Gütergemeinschaft. Nach Auflösung der registrierten Partnerschaft wären sie sogar einander unterhaltsverpflichtet. Nur ein paar Kleinigkeiten sind anders: die **Trennung von Tisch und Bett** (Titel 10 BW, scheiding van tafel en bed) ist nur für Eheleute, nicht aber für registrierte Partner geregelt. Dafür kann die **Auflösung** einer registrierten Partnerschaft zusätzlich zu den (Ehe-)Scheidungsmodalitäten auch von einem alleine beantragt werden, ohne daß ein Zerrüttungsnachweis erforderlich ist. Auch auf die **Entstehung des Kindesverhältnisses** hat die registrierte Partnerschaft nicht die selben Auswirkungen wie eine Ehe.

Ist ja auch irgendwie logisch: ein Kind soll davon ausgehen können, daß es tatsächlich von Mutter und Vater abstammt. Das ist schließlich theoretisch möglich und meist auch praktisch der Fall. Bei zwei Frauen ist es zwar via Import möglich, daß ein Kind innerhalb einer registrierten Partnerschaft geboren wird, liegt aber bei zwei Männern schon von der hardwaremäßigen Ausstattung nicht drin. Wie auch immer: wer wäre schon bereit, widerspruchslos hinzunehmen, daß er von zwei Eltern gleichen Geschlechts abstammt?!

Der winzige Unterschied, der für unsere Freunde jedoch die größte Bedeutung hat, besteht darin, daß **internationale Abkommen**, die auf die Ehe Bezug nehmen, eben nicht auf diese Lebensform anwendbar sind. Registrierte Partnerschaften Gleichgeschlechtlicher gibt es derzeit nur in Dänemark (seit 1989), Norwegen (seit 1993), Schweden (seit 1995), Island (1996) und natürlich den Niederlanden (seit 1997)[45], und somit werden sie nur von diesen Staaten untereinander anerkannt. Für andere Länder ergibt sich das, was im Internationalen Privatrecht so malerisch als „hinkendes Rechtsverhältnis" bezeichnet wird.

Asterix und Obelix wollen so etwas nicht. Safety first.

---

[45]Meixner, Frank: Entwicklungstendenzen im in- und ausländischen Familienrecht - zu drei Jahresberichten (Teil 2). <u>DEu FamR</u> (1999) 1: 162-183

Deshalb lehnen sie das traumhafte Jobangebot dankend ab.

Bei Pharma Riese löst diese Mitteilung hektische Betriebsamkeit aus. Maître Propre, der Leiter der Rechtsabteilung, teilt Asterix und Obelix mit, daß er sofort ein Gutachten in Auftrag gegeben hat. Ferner, daß auch in der Schweiz Bestrebungen im Gang sind, registrierte Partnerschaften einzuführen. Das kann noch eine Weile dauern.

Wie das Leben so spielt, ist Maître Propre aber auch im Vorstand der Interessengemeinschaft „Schwul ist cool", die sich für einschlägige Rechtsanliegen engagiert und sie vorantreibt. Mit Pharma Riese hat sie nun aus aktuellem Anlaß einen potenten Sponsor gefunden. Ob der kräftige pekuniäre Wind die Mühlen der helvetischen Gesetzgebung schneller mahlen läßt?

Asterix und Obelix bleiben vorerst, wo sie sind. Irgendwann ist der niederländische Gesetzesentwurf durch, der sie berechtigt, eine „richtige" Ehe zu schließen. Die muß dann wegen Art. 45[1] IPRG auch in der Schweiz anerkannt werden, ordre public hin oder her.

Sie haben Zeit zum Aussitzen. In aller Ruhe können sie das juristische Rennen zwischen der Schweiz und den Niederlanden beobachten.

Mal sehen, wer schneller ist.

P.S. Just vor Fertigstellung dieses Manuskripts sieht es aus, als würden die Holländer als erste das Ziel erreichen. Ab Mitte des Jahres 2001 sollen Eheschließungen auch zwischen Gleichgeschlechtlichen möglich sein.

Stand by me

- Ehewirkungen -

Familienname:
Wurst, Brot oder Wurst-Brot?

Einige Jahre bevor sie ihre Kinder Hänsel und Gretel im Wald zu entsorgen gedachten, waren Hans Wurst und Grete Brot ein unbeschwertes Brautpaar wie so viele andere auch. Händchenhaltend saßen sie vor dem Zivilstandbeamten, um ihr Eheversprechen anzumelden. Das muß so um 1988 herum gewesen sein, denn seit jenem Jahr war die Eherechtsreform in Kraft. Vorher hätte Grete Brot automatisch gemäß dem alten Art. 161^1 ZGB den Familiennamen des Mannes erhalten und hätte somit Wurst geheißen. Basta.

Seit 1988 gibt es aber den neuen Art. 160 ZGB, nach dem zwar laut Absatz 1 grundsätzlich der Name des Ehemannes Familienname ist, aber Absatz 2 räumt der Braut die Möglichkeit ein, ihren bisherigen Namen dem Familiennamen voranzustellen.

Familienname ist also „Wurst", aber Grete kann dem Zivilstandsbeamten erklären, daß sie nach der Trauung „Brot Wurst" heißen will. Dann wird das so eingetragen.

So weit Art. 160 ZGB zum Familiennamen ab der Eheschließung.

In dubio pro viro.

Wo, bittschön, bleibt aber die Gleichstellung der Geschlechter?!

Doch, die gibt´s, wenngleich versteckt in Art. 30 ZGB. Absatz 2 lautet: „Das Gesuch der Brautleute, von der Trauung an den Namen der Ehefrau als Familiennamen zu führen, ist zu bewilligen, wenn achtenswerte Gründe vorliegen". Wobei das mit den „achtenswerten" Gründen nicht so eine große Hürde ist wie bei der Namensänderung aus „wichtigen" Gründen nach Art. 30^1 ZGB.

Was „wichtige Gründe" sind, dürfte in erster Linie subjektiver Natur sein. Wenn ein Udo Jürgen Bockelmann oder ein Bauchredner namens Kliebenschädel mit den

Künstlernamen „Udo Jürgens" bzw. „Kliby" bekannt geworden sind, ist es nachvollziehbar, wenn sie die etwas geschönten Namen auch amtlich haben wollen. Sollte ein Asiate namens Souhong die Schweizer Staatsbürgerschaft erhalten und sich etwa in Bern häuslich niederlassen, hätte er wahrscheinlich keine Probleme, eine Namensänderung nach Art. 30^1 ZGB zu erwirken. Andererseits gibt es auch weniger Zimperliche: in einer Stadt des früheren Département du Mont-Tonnerre, längst deutschsprachig, prangt allenthalben auf großen Werbetafeln der Name „Bißoir". Es handelt sich um ein Baugeschäft, dessen Inhaber über Generationen den Namen beibehalten und sogar in ein markantes Logo integriert haben. Offenbar hatten sich selbst hierfür immer Frauen gefunden, die sich nicht von einer Heirat hatten abschrecken lassen, denn sonst wäre der Name mangels Nachwuchses ja schon längst ausgestorben.

Wenn sich Hans und Grete nun für den Familiennamen „Brot" entscheiden, geht dann „Wurst" verloren?

Art. 160^2 ZGB erwähnt nur die Möglichkeit für die Braut, ihren vorehelichen Namen dem Familiennamen voranzustellen. Das ZGB ist da also in Sachen Gleichstellung nicht ganz korrekt. Aber wer suchet, der findet, sofern er nicht am gewohnten Ort klebenbleibt: wer sich mal einen Ausflug zur Zivilstandsverordnung gönnt, entdeckt Art. 188i ZStV, der den Ausgleich schafft. Seit 1.7.1994 kann auch der Mann seinen früheren Namen voranstellen, falls gemäß Art. 30^2 ZGB der Familienname jener der Frau ist.

So, das wären die Möglichkeiten für die **amtlichen Namen**, nämlich diejenigen, die in den Registern geführt werden. Zusammenfassend:

- Johannes und Margarete Wurst (Art. 160^1 ZGB)

- Johannes Wurst und Margarete Brot Wurst (Art. 160^2 ZGB)

- Johannes und Margarete Brot (Art. 30^2 ZGB)

- Johannes Wurst Brot und Margarete Brot (Art. 30^2 ZGB i.V.m. Art. 188i ZstV).

Alle ohne Bindestrich!

Eine andere Sache sind **Allianznamen**, bei denen der Mädchenname der Frau mit Bindestrich angefügt ist. Sie sind zwar **keine amtlichen Namen**, dürfen aber - wie gebräuchliche Abkürzungen von Vornamen auch - benutzt werden; gelegentlich sind sie praktisch bis unverzichtbar, um eine genaue Zuordnung zu gewährleisten. „Müller-Lüdenscheid" ist halt doch präziser als einfach nur „Müller".

Hans und Grete dürfen also den Namen „Wurst-Brot" ins Telefonbuch, ans Türschild oder aufs Briefpapier schreiben - allerdings nur sie, nicht aber ihre Nachkommen.

Was ist mit denen?

Die **Kinder**, Hänsel und Gretel, tragen den **Familiennamen**. Wenn jener gemäß Art. 160 ZGB „Wurst" ist, sind Hänsel und Gretel kleine Würstchen. Falls die Eltern nach Art. 30^2 „Brot" als Familiennamen gewünscht hätten, wären´s natürlich Brötchen. Daß Sein und Haben sich in der Folge nicht zu decken pflegen, wissen wir aus dem Märchen der Brüder Grimm, das als bekannt vorausgesetzt werden kann.

Blick über die Grenzen

In **Ecuador** besteht der Familienname des Kindes aus dem ersten der beiden Familiennamen jedes der beiden Elternteile, wobei der Vatername vorangestellt wird („Hänsel/Gretel Wurst Brot").

Bei außerhalb einer Ehe geborenen Kindern entsteht das Kindesverhältnis - auch zur Mutter! - durch Anerkennung. Wenn nur ein Elternteil das Kind anerkannt hat, erhält es Vater- und Muttername des Anerkennenden. Nehmen wir an, Johannes und Margarete sind nicht verheiratet. Margaretes Vater hieß "Brot", die Mutter "Krümel". Wenn nur Margarete ihre Kinder anerkennt, heißen diese "Brot Krümel".

Wenn sie hingegen von den Kindern nichts wissen will und nur er sie anerkennt, läufts genauso: wenn Johannes´ Vater "Wurst" hieß und seine Mutter "Zipfel", dann heißen seine Kinder "Wurst Zipfel".

Wenn nur ein einziger Familienname vorhanden ist, wird dieser zweimal zugeteilt[46].

---

[46] s. Bergmann/Ferid, Ecuador (1990)

Güterrecht und eheliche Beistandspflicht:
Der Harung und die Flunder[47]

Motive zur Eheschließung, nach denen sich wohlweislich kein Mensch genauer erkundigt, können affektiver, aber auch wirtschaftlicher Natur sein. Beim einen so, beim anderen anders - das braucht sich also keineswegs zu decken.

Das Liedchen mit dem „Harung[48] jung und schlank", in den sich „oh Wunder, ne olle Flunder" verliebt, kann doch bei Deutschsprachigen, die mit Pfadi, CVJM oder ähnlichem aufgewachsen sind, als bekannt vorausgesetzt werden, nicht wahr? Für alle anderen seien die wesentlichen Elemente des Sachverhalts kurz zitiert.

Die Liebeserklärung der Flunder hatte der Harung ausgesprochen uncharmant erwidert mit „du bist verrückt, du bist mir viel zu plattgedrückt!" Als ob es nicht sowas wie ein Persönlichkeitsrecht darauf gäbe, sich nach eigenem Gusto zu verlieben, alldieweil dies ja keine Verpflichtung des Objekts der Begierde nach sich zieht. Direktemang unflätig ist es, die Aufforderung anzuschließen: „Rutsch mir den Buckel runter, du olle Flunder!" Nun, jene kann sich später nicht beklagen, daß er sich benimmt wie ein Neandertaler. Sie hat's ja billigend in Kauf genommen.

Zunächst intensiviert sie ihre Anstrengungen: sie stieß „auf den Grund", „wo sie nen gold'nen Rubel fund", und auf „Rubel" reimt sich

---

[47]Text z.B. in <u>Cavayom</u>, Schweiz. CVJM-Verlag, St. Gallen, oder <u>Die Mundorgel</u>, Köln, jeweils neueste Auflagen

[48] Richtig, bei den Akteuren handelt es sich um Fische. Die Begründung, warum sie hier wie Menschen behandelt werden, ist abzuleiten aus dem Kapitel „Tiere im Recht", enthalten in Advocatus diabolis <u>OR-Dschungelbuch</u> (1999)

bekanntlich „Jubel". Die Situation hat sich nämlich damit radikal verändert: „Da war die olle Schrulle reich...da nahm der Harung sie sogleich". In Anbetracht dessen, daß erstens der Harung an körperlichen Reizen der Flunder überhaupt nichts finden konnte, zweitens das Liedchen aus einer Zeit stammt, wo man gleich heiraten mußte, wenn man´s mal wissen wollte, können wir mit an Sicherheit grenzender Wahrscheinlichkeit annehmen, daß mit dem „nehmen" eine Eheschließung gemeint ist.

Die Flunder, im vollen Wissen um den erst anläßlich ihrer Bereicherung geäußerten Ehewillen des Harungs, mag sich gedacht haben, daß der Appetit beim Essen kommt, bzw. die Liebe des Harungs während der Ehe. Lassen wir sie noch ein bißchen weiterträumen.

Wie realistisch ist die implizite Vorstellung des Harungs, durch die Eheschließung Kasse machen zu können?

Hinsichtlich der ehelichen Finanzen müssen wir unterscheiden zwischen

- Einkommen/ Barunterhalt und

- Vermögen/ Güterrecht.

Das „Goldstück von zehn Rubel" ist der Flunder einmalig und unentgeltlich zugefallen. Somit stellt es kein Einkommen dar und ist an sich nicht für den ehelichen Barbedarf zu verwenden. Allerdings ist auch nirgends die Rede von einer gutbezahlten Arbeit, aus deren Einkünften beide gut leben könnten. Wenn nicht anders möglich oder vereinbart, könnte der Harung jung und schlank während der Ehe mit der ollen Flunder dann in den Genuß von Vorteilen kommen, wenn sie das Goldstück verkaufen und mit dem Erlös den ehelichen Barunterhalt bestreiten würde, so daß beide in Saus und Braus leben könnten. Das liefe dann unter „eheliche Beistandspflicht", und die gilt unabhängig vom Güterstand.

Womit wir beim nächsten Thema wären.

Betrachten wir zunächst den gesetzlichen Güterstand der Errungen-schaftsbeteiligung.

Die Bereicherung der Flunder ging eindeutig der Eheschließung vor-aus. Mehr noch: sie war kausal dafür („Da war die olle Schrulle reich, da nahm der Harung sie sogleich"). Als voreheliches Vermögen fällt das „Goldstück von zehn Rubel" in das Eigengut der Flunder. An die-sem partizipiert der Harung grundsätzlich nicht. Zumindest nicht solange es in natura erhalten bleibt. Sollte das Goldstück eine Wert-steigerung erfahren, so wäre diese konjunkturell bedingt und fiele damit nicht in die Errungenschaft.

Aber er hat noch eine Chance: er kann der Flunder zureden, daß sie den Rubel verkauft und vom Erlös Wertpapiere mit saftiger Verzin-sung erwirbt. Oder eine guterhaltene und somit wartungsarme Lie-genschaft, die interessante Mieten einbringt. Eigengut der Flunder ist lediglich das Goldstück bzw. dessen Gegenwert/Wert der Ersatz-anschaffung. Die Erträgnisse (Zins-, Mieteinnahmen o.ä.) hingegen bilden dann Errungenschaft, an der der Harung hälftig beteiligt ist. Bei Auflösung des Güterstandes durch Tod oder Scheidung stünde er somit nicht mit ganz leeren Flossen da.

So weit der **gesetzliche Güterstand.**

Müßig zu erwähnen, daß er bei einem Ehevertrag über **Gütertrennung** ohnehin unromantisch in den Mond schauen würde.

Es wäre aber auch durchaus denkbar, daß sich die Flunder in ihrem verliebtheitsbedingten Ausnahmezustand dazu breitschlagen läßt, ehevertraglich **allgemeine Gütergemeinschaft** zu vereinbaren. Sowas kommt vor, besonders wenn der Harung die magischen Worte: „Aber du liebst mich doch", oder die kryptische Frage:"Hast du denn kein Vertrauen zu mir?" einsetzt, mit denen schon so manche Eheverträge zustandegekommen sind. What´s love got to do with it?!

Dann würde der Rubel ins Gesamtgut rollen, das grundsätzlich beiden gehört. Allerdings dürfen sie dann auch nur gemeinsam darüber verfügen. Der Harung müßte bei allen Transaktionen die Zustimmung der Flunder haben und umgekehrt. Inwieweit er dies zu seinen Gunsten nutzen kann, hängt von Gesamtmenge und Manövrierfähigkeit seines Charmes ab.

Wenn sie vor ihm die Kiemen endgültig zuklappt - worauf man sich im Einzelfall ja nicht verlassen kann - hat er bei diesem Güterstand den größten Vorteil. (Dem Thema „Todesfall" ist ein eigenes Kapitel gewidmet, s.d.) Bei einer Scheidung hingegen sähe er nicht viel. Da der Gesetzgeber seine Pappenheimer zu kennen scheint, bestimmt Art. 242 ZGB:

„[1] Bei Scheidung, Trennung, Ungültigerklärung der Ehe oder Eintritt der gesetzlichen oder gerichtlichen Gütertrennung nimmt jeder Ehegatte vom Gesamtgut zurück, was unter der Errungenschaftsbeteiligung sein Eigengut wäre.

[2] Das übrige Gesamtgut fällt den Ehegatten je zur Hälfte zu."

Wer also die Gütergemeinschaft unelegant beendet, soll auch nicht mehr davon haben als wenn er den entsprechenden Ehevertrag nicht eingegangen wäre. Im Klartext: dann wird aufgelöst wie bei der Errungenschaftsbeteiligung.

Ergebnis:

Der Harung, jung und schlank, hat von der Ehe mit der ollen Flunder nur dann einen satten Vermögensvorteil, wenn 1. ehevertraglich Gütergemeinschaft vereinbart wurde und 2. sie vor ihm ins Netz geht. Im geschilderten Sachverhalt sind ehevertragliche Vereinbarungen zu seinem Vorteile jedoch nirgends erwähnt. Über die eheliche Beistandspflicht hinaus - die im übrigen auch ihm selbst obliegt - hat er nichts zu erwarten. Somit ist die das Liedchen resumierende Behauptung, „denn so ein alter Harung, der hat Erfahrung" nicht aufrechtzuerhalten. Er sollte sich besser ein Gesetzbuch kaufen.

Griff in die Mottenkiste jenseits der Grenzen

Mit einem intimen Aspekt der Ehewirkungen beschäftigte sich der Bundesgerichtshof der **BRD** im Jahr 1966[49]. Da heißt es:

„Die Frau genügt ihren ehelichen Pflichten nicht schon damit, daß sie die Beiwohnung teilnahmslos geschehen läßt. Wenn es ihr infolge ihrer Veranlagung oder aus anderen Gründen, zu denen die Unwissenheit der Eheleute gehören kann, versagt bleibt, im ehelichen Verkehr Befriedigung zu finden, so fordert die Ehe von ihr doch eine Gewährung in ehelicher Zuneigung und Opferbereitschaft und verbietet es, Gleichgültigkeit oder Widerwillen zur Schau zu tragen. Denn erfahrungsgemäß vermag sich der Partner, der im ehelichen Verkehr seine natürliche und legitime Befriedigung sucht, auf die Dauer kaum jemals mit der bloßen Triebstillung zu begnügen, ohne davon berührt zu werden, was der andere dabei empfindet".

Auf deutsch: Mädels, wenn ihr keine Lust habt, ist es eure verdammte Pflicht und Schuldigkeit, gefälligst so zu tun als ob! Wieso hat die Firma Pfizer eigentlich so lange für ihre blauen Tabletten gebraucht, die in diesem Bereich die verfassungskonforme Gleichstellung von Mann und Frau ermöglichen?

---

[49] Veröffentlicht in NJW 1967, Heft 23, p. 1078-1080

Eheliche Beistandspflicht:

Romeos Alfa

[Romeo und Julia 2]

Romeo und Julia haben inzwischen getan, was sie nicht lassen konnten: sie haben geheiratet, diesmal aber richtig, nämlich auf dem Zivilstandsamt.

Blenden wir uns wieder ein und betrachten die Jungvermählten.

Ihr kleines Glück umfaßt eine adrette Wohnung, mit Balkon natürlich, einen Gummibaum und einen Fernseher, der, wie die Einrichtung, in den nächsten Monaten abbezahlt sein wird. Beider Eltern waren ob dieser Heirat derart muff, daß sie dem jungen Paar nichts zur Hochzeit geschenkt haben, und so mußten sie mit einem Vermögensstand von Null anfangen. Mit Ach und Krach hatten sich beide wenigstens noch finanzielle Unterstützung während der Lehre erstreiten können (Art. 277^2 ZGB, Unterhaltpflicht der Eltern bis zur abgeschlossenen Ausbildung), und immerhin haben beide einen Job. Romeo ist Lastwagenchauffeur bei einer Brauerei, Julia ist Verkäuferin in der Zoohandlung „Nachtigall & Lerche". So halten sie sich einigermaßen über Wasser.

Eines Tages hat Romeo mehrere Kasten Schäcks-Bier fürs Betriebsfest des lokalen Autohändlers zu liefern. Bei dieser Gelegenheit sieht er einen Alfa, so rassig und so rostfrei wie nur ein funkelnagelneuer italienischer Flitzer das sein kann. Romeo kann nicht anders - er verliebt sich, wie üblich sofort und unwiderruflich. Er muß den Alfa haben und unterschreibt sogleich einen Kaufvertrag.

Freude glänzt in seinen Augen, als er wie jeden Abend den Balkon hochklettert, und sogleich schwärmt er Julia von seiner neuen Liebe was vor. Sie hat gerade ein ganz, ganz trauriges Buch gelesen. Genauer gesagt: ihr Sparbuch. Deshalb sieht sie die Sache wesentlich nüchterner als er.

„Oh Romeo, mich deucht, du hast ´ne Pilsvergiftung! Wie kommst Du drauf, es läg´ ein Auto drin? Mit deinem Schäcks-Bier und mit dem Verkauf von Fischen, Hamstern, Vögeln verdienen wir doch grad das Nötigste!"

In ordinärer Alltagssprache: das Einkommen reicht lediglich für die Deckung des bescheidenen Lebensunterhalts. Romeo hat mit dem Kaufvertrag für das Auto nur sich selbst, nicht aber Julia verpflichtet; er kann nicht erwarten, daß sie nur noch von Luft und Liebe lebt, um seine Schulden abzubezahlen. Eheliche Beistandspflicht umfaßt das tägliche Brot, das Dach überm Kopf und was zum Anziehen. Wenn es also um Lebensmittelrechnungen, die Miete und Bekleidung geht, hat sehr wohl jedes sein Scherflein beizutragen. Wenn Romeo gerade blank ist und beim Kolonialwarenhändler anschreiben läßt, kann jener durchaus Julia die Rechnung schicken und erwarten, daß sie sie bezahlt.

Luxus ist jedoch ein anderes Kapitel.

Bezugsgröße ist der Lebensstandard, der sich in unserem Falle in Grenzen hält. (Wer Geld wie Heu hat und ausgibt, kann durchaus mal schnell auf dem Heimweg einen Porsche oder Pelze kaufen. Das ist dann nur eine Frage des Gewissens, nicht aber der Finanzierung.) Nochmal: für laufende Bedürfnisse ist der Ehegatte mitverpflichtet, nicht aber für Darüberhinausgehendes (Art. 166 ZGB).

Der Kaufvertrag ist nur von Romeo unterschrieben, und er hat alleine für die Forderung einzustehen. Manchmal muß ein Mann eben tun, was ein Mann tun muß - er sucht sich einen Nebenjob und fährt Pizzas aus, bis der Alfa bezahlt ist.

Blick über die Grenzen

Gälte für Romeo und Julia **österreichisches** Recht, hätten sie vielleicht nicht mit leeren Händen heiraten müssen. Im ABGB vom „1ten Junius 1811" finden sich Bestimmungen über das „Heirathsgut" - Bestimmungen, die in heutigen Ausgaben lediglich orthographisch korrigiert wurden und somit noch immer anwendbar sind:

„**§ 1218.** Unter Heiratsgut versteht man dasjenige Vermögen, welches von der Ehegattin, oder für sie von einem Dritten dem Manne zur Erleichterung des mit der ehelichen Gesellschaft verbundenen Aufwandes übergeben oder zugesichert wird.

§ 1220. Besitzt die Braut kein eigenes, zu einem angemessenen Heiratsgut hinlängliches Vermögen, so sind Eltern oder Großeltern nach der Reihenfolge und nach den Grundsätzen, nach denen sie für den Unterhalt der Kinder zu sorgen haben, verpflichtet, den Töchtern oder Enkelinnen bei ihrer Verehelichung ein Heiratsgut zu geben oder dazu verhältnismäßig beizutragen.

§ 1221. Berufen sich Eltern oder Großeltern auf ihr Unvermögen zur Bestellung eines anständigen Heiratsgutes; so soll auf Ansuchen der Brautpersonen das Gericht die Umstände, jedoch ohne strenge Erforschung des Vermögensstandes, untersuchen, und hiernach ein angemessenes Heiratsgut bestimmen, oder die Eltern und Großeltern davon freisprechen."

Könnte Julia also von ihren Eltern oder Großeltern ein Heiratsgut erklagen? Ganz so ohne ist´s halt doch nicht:

„**§ 1222.** Wenn eine Tochter ohne Wissen, oder gegen den Willen ihrer Eltern sich verehelicht hat, und das Gericht die Ursache der Mißbilligung gegründet findet; so sind die Eltern selbst in dem Falle, daß sie in der Folge die Ehe genehmigen, nicht schuldig, ihr ein Heiratsgut zu geben."

Wie beweist man dem Gericht, ob die Ursache der Mißbilligung gegründet ist?! Ob es tatsächlich reicht, wenn die Eltern sich hinstellen und sagen: "Wir hatten schon immer Krach, und das soll auch für die nächsten Generationen gelten"?

Da ist es schon einfacher und sinnvoller, sich zivilstandunabhängig eine Ausbildung finanzieren zu lassen. Die sollte sowieso länger vorhalten.

Beistand bei Krankheit:

Das Märchen von der schönen Lau[50]

Das Original dieser Geschichte spielt in der schwäbischen Alb. Wegen der Rechtszuständigkeit können wir sie unschwer an einen der hierzulande so zahlreichen lieblichen Seen und Flüsse dislozieren.

Die schöne Lau, eine Wasserfrau, jung, verheiratet und im gebärfähigen Alter, hatte ein Problem. Sie bekam nur tote Kinder! Die Schwiegermutter wußte Rat: die schöne Lau würde erst dann lebendige gesunde Kinder zur Welt bringen, wenn sie fünfmal gelacht haben würde.

Aber alle Anstrengungen in dieser Richtung blieben ohne Erfolg. Vielleicht gab´s zu Hause für sie ja nichts zu lachen. Deshalb schickte ihr Mann sie weg, sozusagen zur Kur, in den Blautopf.

Jedes Jahr erkundigte er sich, ob das denn mit den fünf Lachern hingehauen habe, aber jedesmal - negativ.

Die schöne Lau richtete sich häuslich ein und schlug irgendwie die Zeit tot. Irgendwann einmal bepflanzte Berta, die Wirtin vom Nonnenhof, ihr am Ufer gelegenes Gärtchen mit Kürbissen. Die Ranken und Früchte gefielen der schönen Lau so gut, daß sie sich bedanken kam. Mit einem Kreisel, der die wunderbare Eigenschaft besaß, streitsüchtige Suffköppe auf der Stelle zu besänftigen. Das war natürlich eine tolle Sache, und die Wirtsleute luden die edle Spenderin ein, doch öfters zu Besuch zu kommen.

Diese nahm gerne an. Die Tochter des Hauses brachte Kleider und ein Badetuch und half ihr erstmal aus dem Wasser heraus. Als sie der

---

[50]Lokale Folklore. Zurückzuführen auf Eduard Mörike: Das Stuttgarter Hutzelmännlein. (darin enthalten „Die Historie von der Schönen Lau").Stuttgart 1970

Wasserfrau die Füße abtrocknete, fuhr diese zurück und kicherte, weil´s so kitzelte. Das war Lachen Nummer eins.

Beim Rundgang durchs Haus sah die schöne Lau ein Enkelkind der Wirtin auf dem Topf sitzen, „mit rotgeschlafenen Backen, hemdig, und einen Apfel in der Hand". Den Topf hielt sie zunächst für einen „viel zierlichen Sitz" und wollte sich gerade über diese kostbare Wertarbeit auslassen. Berta und ihre Tochter drehten sich schonmal feixend weg. Als sie checkte, was wirklich Sache war, brach allgemeine Heiterkeit aus. Lacher Nummer 2. Wenn das mal kein ermutigender Anfang war!

Das Hoch begleitete sie bis in den Schlaf. Sie träumte nämlich eine irre Geschichte von dem Abt, der die Wirtin realiter gerne sah. Im Traum versuchte er sie anzugraben, und beide stellten sich derart an, daß Lau noch beim Erwachen spürte, wie sie im Schlaf gelacht hatte. Lacher Nummer 3?

Berta, der sie am nächsten Tag davon erzählte, fand daß das mit dem Traum wohl nicht so ernstzunehmen sei. Die schöne Lau war darob verschnupft und zog sich wieder in den Blautopf zurück. Bald darauf rumorte es, und es sah aus, als gäbe es demnächst eine Überschwemmung. Der Klosterkoch, ein Sohn der Wirtin grinste sich eins und dachte, na warte! Er „zog die Bettscher´ aus seiner Lagerstätte und steckte sie am Blautopf in den Rasen, wo das Wasser auszutreten pflegte und stellte sich mit Worten und Gebärden als einen vielgetreuen Diener an, der mächtig Ängsten hätte, daß seine Herrschaft aus dem Bette fallen und etwa Schaden nehmen möchte". Das fand die Wasserfrau so komisch, daß sie, nun zum vierten Mal, herzhaft lachen mußte.

Das war´s dann fürs erste, und die nächsten Monate waren nicht mehr so lustig. Mehr als ein müdes Lächeln war ihr nicht zu entlokken.

Inzwischen war es Winter geworden. Die schöne Lau kam am Abend in die Spinnstube, aber all die Geschichten, die dort erzählt wurden, vermochten sie nicht zu erheitern. Irgendwann brachte dann jemand den Zungenbrecher „'s leit a Klötzle Blei glei bei Blaubeure".Beim Nachsprechen verhaspelte sie sich dermaßen, daß es „Gelächter einer Stuben voll" gab, sowas steckt an. Das erlösende fünfte Lachen!

In diesem Moment begann's auch schon im Topf zu kochen. Die Funkverbindung muß erstklassig gewesen sein, denn die schöne Lau wußte gleich Bescheid: „Das ist mein Mann - und ich bin nicht daheim!", und darob fiel sie vor Schreck bewußtlos vom Stuhl. Der lustige Koch brachte sie zum Ufer, und bevor er sie zu Wasser ließ, konnte er sich's nicht verkneifen, sie zu küssen. Man will ja später mal seinen Enkelkindern was zu erzählen haben! Gedacht, getan, und in diesem Moment hagelte es von oben und unten und links und rechts und hinten und vorn Ohrfeigen, einfach aus dem Nichts, so daß er seine kostbare Last fallenließ und schleunigst das Weite suchte. Er bekam noch mit, wie sie „in ihrem Ohnmachtsschlaf so innig lachte, wie sie damals im Traum getan, wo sie den Abt sah springen". Mit dieser Zugabe war die Therapie erfolgreich abgeschlossen und schöne Lau nun endlich gesund. Ihr Mann war schon da, um sie abzuholen und nach Hause zu bringen, und ab sofort war sie fruchtbar und konnte sich mehren.

Da wird's einem doch kuschelwarm ums Herz!

Schalten wir aber auch den Kopf dazu und klopfen diese Geschichte familienrechtlich ab.

Der verhinderte Vater läßt sich nicht gleich mir nix, dir nix wegen der ungewollten Kinderlosigkeit scheiden. Den Vertragsbestandteil mit „Treue und Beistand" (Art. 159³ ZGB) scheint er ernstzunehmen; sein Ehewille ist nicht erloschen, und für eine Heilung seiner Gemahlin nimmt er sogar eine Trennung in Kauf, deren Ende nicht von vornherein abzusehen ist. Sowas kann ganz schön ins Geld gehen! Da muß man schon fragen: Wer soll die Behandlung bezahlen? Die Reise, das tägliche Brot, die Geschenke, die sie den Wirtsleuten als Gegenleistung dagelassen hat?

Es gibt keine Anhaltspunkte dafür, daß die schöne Lau ein eigenes Einkommen erzielte oder über Erträge aus Eigengut verfügte. Die Rollenteilung während der Ehe ist zwar seit 1988 nicht mehr gesetzlich vorgeschrieben, die klassische Form der Hausfrauenehe gibt's aber immer noch, auf freiwilliger Basis. Paaren mit Kleinstkindern bleibt mangels verfügbarer Großeltern bzw. Betreuungsmöglichkeiten oft nichts anderes übrig.

> Bis 1988 bestimmte Art. 160 ZGB den Ehemann klar als „Haupt der Gemeinschaft", und im Zweifelsfall hatte er dieses auch hinzuhalten. Er war's, der die eheliche Wohnung bestimmte und „für den Unterhalt von Weib und Kind in gebührender Weise Sorge zu tragen" hatte.
>
> Die Frau erhielt gemäß Art. 161 ZGB Familienname und Bürgerrecht des Mannes, dafür hatte sie ihm „mit Rat und Tat zur Seite" zu stehen und „ihn in seiner Sorge für die Gemeinschaft nach Kräften zu unterstützen". Auch ihre Zuständigkeit für Küche und (Wasch-)Keller war festgelegt: „Sie führt den Haushalt".

So wie es aussieht, ist die schöne Lau trotz der Kinderlosigkeit nicht berufstätig. In diesem Fall muß der Ehemann als Alleinverdiener aufgrund der ehelichen Beistandspflicht die Behandlung finanzieren.

Für ganz normale zu Lande lebende Schweizer gilt Analoges für Krankenkassenprämien, Arzt-, Zahnarzt- Spital- und ähnliche Rechnungen der nichterwerbstätigen Ehehälfte! Die Überschrift heißt "Beistandspflicht".

Blick über die Grenzen

Beistandspflicht gibt es natürlich auch in polygynen Ehen!

Im **Senegal** etwa ist zudem im Familiengesetzbuch festgehalten, daß jede Ehefrau gleiche Behandlung im Verhältnis zu den anderen beanspruchen kann (Art. 149). Der Ehemann kann allerdings nicht die Einkünfte einer der Ehefrauen zugunsten der anderen nutzen (Art. 369).[51]

Übrigens, wenn wir schon in der Gegend sind: Moslems im Senegal wie auch in anderen schwarzafrikanischen Ländern können sich bei der ersten Eheschließung entscheiden, ob sie fürderhin mit nur einer Frau verheiratet sein oder sich die Möglichkeit der Polygamie offenhalten wollen. Diese Grundsatzentscheidung gilt lebenslänglich.[52] Das bedeutet, daß vor einer neuen Heirat eine bestehende Ehe erst aufgelöst werden muß. Statt Simultan- halt nur Konsekutivpolygamie, das ist dann wie bei uns.

---

[51]Bergmann/Ferid, Senegal (1991)

[52] Al Sultan und Rieck: Ehen über Grenzen (1994)

Beistandspflicht in Stieffamilien:
Aschenputtel[53]

Stieffamilien kommen nicht nur in Märchen, sondern immer häufiger im real existierenden schweizerischen Alltag vor. Bei Aschenputtel, Frau Holle, Schneewittchen & Co. wird zwar auf wundersame Weise jegliche Ungerechtigkeit ausgebügelt, aber auf magische Retter in der Not kann man sich heutzutage nicht mehr verlassen. Wenn Anstand nicht weiterhilft, weil nicht vorhanden, müssen wir halt mit dem Gesetzbuch wedeln. Mal sehen, ob dabei nicht auch was Vernünftiges herauskommt.

Cinderella ist Halbwaise und wächst mit zwei Stiefgeschwistern auf. Im Märchen ist die Rede von grober Ungleichbehandlung: die Schwestern haben tolle Klamotten, dürfen gut essen, schick ausgehen und sich sonst noch allerhand leisten, das Stiefkind hingegen muß sich in Sack und Asche kleiden und ihnen den Dreck wegmachen. Das ist doch unfair!

Der gemeinsame Ehemann der Mütter kommt gar nicht vor, aber es muß ihn ja irgendwie geben. Wenn wir die Familienkonstellation rekonstruieren, erhalten wir folgendes Bild:

Für beide Ehepartner ist es die zweite Runde. Von Aschenputtels Vater wissen wir, daß er verwitwet ist. Seine zweite Frau brachte zwei Töchter mit in die Ehe. Sie ist somit Stiefmutter von Cinderella, er Stiefvater der beiden Tussis. "Patchworkfamilie" nennt sich das auf neudeutsch.

So wie es aussieht, ist die Stiefmutter gut betucht. Wo die Kohle für ihre Tussis herkommt, ist allerdings nicht klar: entweder sie hat als

---

[53]Märchen der Brüder Grimm

Witwe gut geerbt und/oder einen gutbezahlten Job, oder die Töchter beziehen fürstliche Alimente von ihrem Vater.

Eigenes Einkommen und Vermögen der Stiefmutter also, oder **Kindesunterhaltsbeiträge?** Das läuft nicht ganz genau auf dasselbe hinaus, wie wir gleich sehen.

In Art. 278² ZGB heißt es:

"Jeder Ehegatte hat dem andern in Erfüllung der Unterhaltspflicht gegenüber vorehelichen Kindern in angemessener Weise beizustehen".

Ein Stiefelternteil hat also auch zum Wohle der Kinder sein Scherflein beizutragen, sei es in Pflege und Erziehung, sei es in Barem. Schließlich hat er oder sie nicht die Katze im Sack gekauft, sondern gewußt was ansteht.

Der Artikel 278 ZGB findet sich zwar im Abschnitt "Die Unterhaltspflicht der Eltern", aber man entdeckt unschwer den Bezug zu Art. 159 ZGB, in dem die Rede ist von ehelicher Beistandspflicht:

"¹ Durch die Trauung werden die Ehegatten zur ehelichen Gemeinschaft verbunden.

² Sie verpflichten sich gegenseitig, das Wohl der Gemeinschaft in einträchtigem Zusammenwirken zu wahren und für die Kinder gemeinsam zu sorgen.

³ Sie schulden einander Treue und Beistand."

Resultat: Wenn die Stiefmutter mehr Geld hat, darf sie Cinderella nicht einfach an den Katzentisch setzen, nur weil diese lediglich ihre Waisenrente in die Familienkasse einschießt. Die neue Frau des Vaters hat ihn, so nötig, in der Wahrnehmung seiner Pflichten zu unterstützen, wenn´s sein muß auch mittels eigener Einkünfte. Er sie natürlich auch! Unterm Strich soll die ganze Familie im gleichen Boot sitzen - und jeder nach seinen Kräften mitrudern.

Geschwister sind gleich zu behandeln - diesen schönen, guten und gerechten Satz lassen wir uns erstmal genüßlich auf der Zunge zergehen. Dann wenden wir uns der Frage zu: "Wie sieht es denn aus, wenn Cinderellas Stiefschwestern ihren Luxus aus hohen Unterhaltsbeiträgen ihres Vaters finanzieren?"

Das mit der Gleichbehandlung von Geschwistern wurde nämlich höchstrichterlich in BGE 116 II 110 durchgekaut und zum Prinzip erkoren: die Unterhaltsbeiträge eines Vaters für Kinder von verschiedenen Müttern müssen gleich hoch sein. Krösus muß also alle Kinder seines Harems gleich behandeln, soweit können wir ja noch folgen.

Aber was passiert, wenn eine seiner abgedankten Ehefrauen sich samt Kindern (und hohen Unterhaltsbeiträgen) mit dem armen Jonathan zusammentut und jener seine Tochter Cinderella mitbringt? Und/oder wenn Krösus' Kinder Halbgeschwister bekommen? Dann wird's nämlich ganz schön unübersichtlich. Wenn diese Mutter alle Kinder in der Familie finanziell gleich behandelt, läuft's faktisch darauf hinaus, daß Krösus Jonathans Kinder mitsponsert und jene, die nicht mit Stief- oder Halbgeschwistern zusammenleben, eben doch bessergestellt sind. Einfache Rechnung: drei Kinder kriegen drei Äpfel. Zwei Kinder leben in Adorf, eins in Bedorf. Wenn letzteres ein neues Geschwister bekommt, das, sagen wir mal, mit einem mickrigen Apfelkrutzen auskommen muß, wie läßt sich dann der hehre Grundsatz aufrechterhalten? Die beiden Adorfkinder haben nach wie vor zusammen zwei Äpfel. Die Bedorfkinder hingegen haben zusammen einen Apfel und einen Krutzen, unterm Strich also weniger.

Ach, es ist doch ein Kreuz mit der Gerechtigkeit!

Deshalb sollte man solche Fragen sinnvollerweise vor einer Heirat auf dem Verhandlungswege klären. Fertige Lösungen gibt's leider nicht.

Blick über die Grenzen

Wer eine mandeläugige Schönheit aus Asien oder einen schnuckeligen Animateur aus einem afrikanischen Ferienklub ehelicht, muß sich darauf einstellen, daß gewissermaßen die ganze Familie mitgeheiratet wird. Unterhalts- und Unterstützungspflichten bestehen in diesen Kulturen nicht nur für Eltern, sondern auch für Kinder und zwischen Geschwistern, und sie werden sehr konkret gelebt. Da die westliche abendländische Welt zudem bei vielen als das Gelobte Land gilt, wo Milch und Honig fließen, erwartet der Clan von einem Auswanderer/einer Auswanderin natürlich erst recht die entsprechende Unterstützung. Wie hoch diese sein kann und darf, ohne die Existenz der eigenen neuzugründenden Familie zu gefährden - das sollte dringend vor der Eheschließung besprochen werden!

Il faut savoir

- Eheschutz -

Eheschutzmaßnahmen:
Rapunzel

Eduard Fernandel hat nicht nur eine solide juristische Ausbildung, sondern auch das Herz auf dem rechten Fleck, und wenn's sein muß, kann er eindrucksvoll die Zähne zeigen. Seine zahlreichen Freunde nennen ihn Mister Ed. In seiner Funktion als Eheschutzrichter hat er gerade ein Schreiben vor sich:

Sehr geehrter Herr Eheschmutztrichter,

hirmit ersuche Sie höflich, mein Mann und mich vorzuladen und uns bei der Löhsung unzerer Streitigkeiten behülflich zu sein.

Wir sind Zehenjahre verheiratet und hend zwei Kinder. Mein Mann geht zwar go schaffen, aber ich weis nicht wifiel er ferdient. Die Kinder und ich müsten dringend mal zum Kwaför, aber er gibt mir niene Gelt. Unsre Haare sind so lang, daß wir ständig drüberstolpern, das ißt zimtlich gewehrlich, wo sie doch solche Fegnester sind. In der Schuhle und der Nachbar schafft heist es schon „Spiel nicht mit den Schmuddelkindern!", das ißt so painlich.

Bite sagen Sie uns, was sich gehört bei sowas. Es ist nehmlich nicht meer auszuhalten.

Hochachtungsfoll,

Rapunzel

Justitia ist für alle da, auch für Legastheniker! Art. 172 ZGB hält fest, daß Ehegatten gemeinsam oder einzeln den Eheschutzrichter anrufen können, wenn sie „in einer für die eheliche Gemeinschaft

94

wichtigen Angelegenheit uneinig" sind, oder wenn einer von beiden seine Familienpflichten vernachlässigt.

Eheschutzrichter sollen Volkes Stimme direkt ihr Ohr leihen, sprich: ohne daß ein geschliffener Anwaltsbrief dazwischengeschaltet ist. Fernandel ist wahrlich ein Mann des Volkes!

Vage erinnert er sich an Rapunzel[54]. Anstatt damals bei der Vormundschaftsbehörde ordentlich auf den Putz zu hauen, weil die kein Auge drauf hatten bei dieser illegalen Pseudo- Adoption, anstatt ihr Recht auf Schulbildung durchzusetzen, hat sie geheiratet. Nun, etwas Vernünftigeres war ja nicht zu erwarten. Durch die jahrelange Isolationshaft im Turm ist sie wohl geistig zurückgeblieben, sonst hätte sie selbst auf die Idee kommen können, den alten Zopf abzuschneiden und daran in die Freiheit zu klettern. Wo Haare doch nachwachsende Rohstoffe sind! Der junge Herr, der sie zu besuchen pflegte, hatte offenbar auch nicht gerade das Pulver erfunden, denn sonst hätte er den rettenden Einfall gehabt. Fortpflanzungsgerichtete Handlungen setzen halt keine besondere Intelligenz voraus. Daß die Folgen bis zum gewissen Grad irreversibel sind, zeigt sich erst später.

Nun sitzt Rapunzel in der Tinte. Wie kann man ihr eheschutzrichterlich unter die Arme greifen?

Aus ihrem Brief geht folgendes hervor:

Rapunzels Ehemann weiß entweder nicht, daß er verpflichtet ist, seiner Gemahlin Auskunft über Einkommen und Vermögen zu erteilen (Art. 170[1] ZGB), oder er leistet dieser seiner Auskunftspflicht absichtlich nicht Folge. Rapunzel kann beim Eheschutzrichter den Antrag stellen, daß ihr Gemahl die Karten auf den Tisch legt (s. Art.

---

[54]Märchen der Brüder Grimm

170^2 ZGB).

Ferner bedarf es allem Anschein nach der Aufklärung hinsichtlich seiner Beistandspflicht - nicht nur der Ehegattin, sondern auch den Kindern gegenüber[55] (Art. 159 ZGB). Es ist unklar, ob Rapunzel überhaupt Haushaltsgeld erhält, da sollte man ihrem Angetrauten mal Art. 163 ZGB (Unterhalt der Familie) unter die Nase halten. Danach auch gleich Art. 164 ZGB (Betrag zur freien Verfügung). Da sein Beitrag an das Wohl der Familie offenbar im Geldverdienen besteht und derjenige von Rapunzel in Haushaltsbesorgung und Kindererziehung, ist sie finanziell von ihm abhängig. Er darf nicht einfach den ganzen Zahltag alleine verputzen.

Nebst angemessenem Haushaltsgeld hat sie Anspruch auf einen Betrag zur freien Verfügung, so daß sie nicht um jeden Rappen extra anfragen muß. Auch dieses Anliegens kann sich der Eheschutzrichter annehmen, indem er die entsprechenden Beträge, unter Berücksichtigung der Einkommensverhältnisse und des Lebensbedarfs, festsetzt (Art. 173 ZGB).

Rapunzels Gesundheit ist ihrer Schilderung nach ernstlich gefährdet. Falls sie eine vorübergehende Trennung wollen würde, wären die Voraussetzungen hierfür gegeben (Art. 175 ZGB).

Nun, Mister Ed würde sich mit seinem bekannt freundlichen Lächeln erkundigen, was denn genau Rapunzels Anträge sind.

Noch mal, weil´s so schön ist: er kann

- den Ehegatten sagen was sich gehört, vermittelnd einwirken und sie notfalls an eine Ehe- oder Familienberatungsstelle verweisen (Art. 172^2 ZGB)

---

[55]Zur speziellen Problematik kindlicher (Nicht-)Frisörbesuche siehe den Klassiker „Der Struwwelpeter" von H. Hoffmann - nicht umsonst seit 1845 ein Renner!

- die Geldbeiträge an den Unterhalt sowie den Betrag zur freien Verfügung festsetzen (Art. 173 ZGB)

- erforderlichenfalls den Arbeitgeber von Rapunzels Mann anweisen, ihr den entsprechenden Anteil an seinem Lohn direkt zukommen zu lassen (Art. 177 ZGB)

- den gemeinsamen Haushalt aufheben (Art. 175 ZGB) und die Folgen regeln (Art. 176 ZGB).

Wie erwähnt, Ehegatten müssen selbst sagen, was sie wollen. Korrekt ausgedrückt: sie müssen ihr Rechtsbegehren selbst formulieren.

Vermutlich wird er den beiden erstmal den Vertrag erläutern, den sie damals bei der Heirat unterschrieben haben, besonders die Sache mit Treue- und Beistandspflichten.

Da Fernandel für seine unorthodoxen und kreativen Problemlösungen bekannt ist, können wir annehmen daß er sich in Art. 172^2 ZGB knien wird, speziell in seine Kompetenz, streitende Eheleute zu versöhnen. Wenn´s finanziell nämlich tatsächlich so eng ist, wird Rapunzel dank seiner Phantasie und Ermutigung früher oder später einen lukrativen Werbevertrag mit einer Firma für Haarkosmetik haben, das Shampoo gratis bekommen und fürderhin nie wieder Geldsorgen haben. Damit ließen sich mühelos sowohl eine Ausbildung als auch eine Eheberatung finanzieren. Das wär´ doch mal ein vernünftiges Häppi-End!

Standard ist das allerdings nicht.

Die meisten Eheschutzrichter sind nur Juristen und halten sich an die Vorschriften in den Artikeln 172-180 ZGB. Dort finden sich auch diejenigen Bestimmungen, die ich hier beim besten Willen nicht auch noch unterbringen konnte.

Griff in die Mottenkiste

Bis 1988 war laut Art. 167 ZGB der Ehefrau nur „mit ausdrücklicher oder stillschweigender Bewilligung des Ehemannes" gestattet, „einen Beruf oder ein Gewerbe auszuüben". Verweigerte er dies, so hatte die Frau immerhin die Möglichkeit, sich vom Eheschutzrichter dazu ermächtigen zu lassen - wenn sie beweisen konnte, daß diese Erwerbstätigkeit „im Interesse der Gemeinschaft oder der Familie geboten" war.

Don´t forget to remember me

- Güterrechtliche
Auseinandersetzung
beim Todesfall -

Wenn der Tod sie scheidet:
Johnnys Cash und Onkel Toms Hütte

Durchschnittliche Steuerzahlende beiderlei Geschlechts (war das nun politisch korrekt?) schrecken typischerweise davor zurück, sich mit Fragen des Ehegüterrechts zu beschäftigen. Sie fürchten, damit den Teufel einer Scheidung an die Wand zu malen. Das ist ein bißchen so wie wenn Geschäftsleute keine Bilanzen erstellen würden, weil sie solches als Zeichen des nahenden Bankrotts sähen.

Dabei wird selbst die glücklichste Ehe irgendwann einmal aufgelöst. Wenn der Sensenmann das Eheband durchschneidet, tut er das meist ohne Zustimmung. Nach dem Ableben eines Ehegatten muß denn auch die güterrechtliche Auseinandersetzung vorgenommen werden.

Stricken wir uns ein kleines Muster, unter Verwendung einer der bekanntesten Leichen, die je an Lagerfeuern besungen wurde[56]:

John Brown und Elizabeth B. Brown-Ing sind glücklich verheiratet, bis daß der Tod sie scheidet. Die Beerdigung ist gut besucht, die alten Kollegen aus dem WK singen „Goodbye, Johnny, goodbye Johnny, warst mein bester Freund..." und „He´s gone to be a soldier in the army of the Lord". Eine schöne Leich´, glory hallelujah!

---

[56]John Brown´s Body. Vollständiger Text z.B. in <u>Cavayom</u>, Schweiz. CVJM-Verlag, St. Gallen

Man möge sich von der Schreibweise „John Brown" nicht irritieren lassen. Es geht natürlich um einen Schweizer Bürger namens Gion Braun. Eine japanische Reisegruppe auf der Suche nach Heidi, Geißenpeter und Alpöhi hatte seine traurige Geschichte irgendwo in Graubünden mitbekommen und in den USA weitererzählt. Die Amerikaner ihrerseits machten einen Hit daraus, und Gion Braun wurde als John Brown bekannt. Er ist trotzdem Schweizer Bürger, hat bis zum bitteren Ende in der Schweiz gelebt - und somit gilt Schweizer Recht!

Wer ist der Herr da in der letzten Reihe, mit Läpptoppköfferchen und Händi, kennen wir den nicht? Richtig, das ist doch Herr Kaiser von der hier nicht namentlich zu nennenden Versicherung! Durch seine blankgeputzte Brille kann er bis nach vorne sehen. Da sind John Browns Kinder Leeroy und Charly, und da ist die Witwe. Ganz in schwarz, mit einem Blumenstrauß sieht sie wie in seinen schönsten Träumen aus! Für solche Momente lebt Herr Kaiser. Warum? Nun, das heben wir uns fürs nächste Kapitel auf.

John Brown's body lies a-mouldring in his grave, but his soul goes marching on. Irdische Güter braucht er nun nicht mehr; was passiert mit ihnen?

Die mehr oder weniger trauernden Hinterbliebenen machen Kassensturz. Der sieht etwa so aus:

Vermögensbestand

- 40'000 Franken in bar unter der Matratze

- Ein Sparbuch aus Singlezeiten, dessen Zinsguthaben sich nachrichtenlos still vermehrt hat. Aus 5'000 Franken sind auf diese Art deren 6'000 geworden

- Obligationen über 20'000 Franken, gekauft während der Ehe

- Aktien der Beecher-Stowe AG zum aktuellen Wert von umgerechnet etwa 10'000 Franken. Die hat Harriet, seine Tante aus Amerika, damals für eine Handvoll Dollars gekauft und ihm zur Verlobung geschenkt

- Ein Maiensäß an herrlicher Lage, das John von seinem Onkel Thomas geerbt hat, aktueller Wert etwa 100'000 Franken

- Gegenstände zum persönlichen Gebrauch (gestreifte Pyjamas, Konfirmandenanzug, Rasierpinsel, Gebiß und dergleichen)

- Ganz hinten in der Schreibtischschublade liegen ein paar alte

Quittungen. Aus denen geht hervor, daß John Brown jedes Jahr einer Bürgerrechtsbewegung heimlich einen schlappen Tausender zugesteckt hat. Ferner hat er der aparten Heidi vor drei Jahren die Jodelausbildung mit Diplomabschluß gesponsert. Dafür hat er, inklusive Jodeldiplom, insgesamt 10´000 Franken hingeblättert.

Das alles müssen wir als erstes **ehegüterrechtlich** auseinanderwühlen.

Wenn die Browns keinen Ehevertrag hatten, gilt der gesetzliche Güterstand der **Errungenschaftsbeteiligung** (Art. 181 ZGB). Die beiden Vermögenshäufchen heißen „**Eigengut**" und „**Errungenschaft**" (Art. 196 ZGB); an letzterer ist die Witwe hälftig beteiligt.

Stichtag für die güterrechtliche Auseinandersetzung ist John Browns Todestag (Art. 204^1 ZGB). Was zu diesem Zeitpunkt vorhanden ist, wird auseinanderdividiert. Art. 207^1 ZGB: „Errungenschaft und Eigengut werden nach ihrem Bestand im Zeitpunkt der Auflösung des Güterstandes ausgeschieden".

Was ist Errungenschaft, was Eigengut?

Die Definitionen finden wir in den Artikeln 197 und 198 ZGB:

„Art. 197 ZGB

^{1} Errungenschaft sind die Vermögenswerte, die ein Ehegatte während der Dauer des Güterstandes entgeltlich erwirbt.

^{2} Die Errungenschaft eines Ehegatten umfaßt insbesondere:

1.   seinen Arbeitserwerb;

2.   die Leistungen von Personalfürsorgeeinrichtungen, Sozialversicherungen und Sozialfürsorgeeinrichtungen;

3.   die Entschädigungen wegen Arbeitsunfähigkeit;

4.   die Erträge seines Eigengutes;

5. Ersatzanschaffungen für Errungenschaft.

Art. 198 ZGB

Eigengut sind von Gesetzes wegen:

1. die Gegenstände, die einem Ehegatten ausschließlich zum persönlichen Gebrauch dienen;

2. die Vermögenswerte, die einem Ehegatten zu Beginn des Güterstandes gehören oder ihm später durch Erbgang oder sonstwie unentgeltlich zufallen;

3. Genugtuungsansprüche;

4. Ersatzanschaffungen für Eigengut."

Daneben gibt Art. 199 ZGB die Möglichkeit, bestimmte Vermögenswerte der Errungenschaft per Ehevertrag zu Eigengut zu erklären.

Bekanntlich gibt es immer mal wieder Grenzfälle, wo die Zuordnung nicht eindeutig möglich ist. Diesen gordischen Knoten löst das scharfe Schwert von Art. 200 ZGB: „[1]Wer behauptet, ein bestimmter Vermögenswert sei Eigentum des einen oder andern Ehegatten, muß dies beweisen.

[2] Kann dieser Beweis nicht erbracht werden, so wird Miteigentum beider Ehegatten angenommen.

[3] Alles Vermögen eines Ehegatten gilt bis zum Beweis des Gegenteils als Errungenschaft."

Ausgerüstet mit diesem Handwerkszeug können wir uns ans Sortieren machen.

Das **Bargeld** ist nicht eindeutig einer Vermögensmasse zuzuordnen. Somit gilt Art. 200 ZGB und Johnnys Cash als **Errungenschaft**.

Der Betrag, der **bei der Eheschließung bereits auf dem Sparbuch** war, ist **Eigengut** (Art. 198 Ziff. 2 ZGB), die seither angesammelten **Zinsen** (=**Erträgnisse**) hingegen **Errungenschaft** (Art. 197^2 Ziff. 4 ZGB).

Die **Obligationen**, während der Ehe aus Erwerbseinkommen angeschafft, sind mitsamt ihren Erträgen **Errungenschaft** (Art. 197^2 Ziff. 1).

Harriets Beecher-Stowe-**Aktien** sind **Eigengut**, da sie dem Verschiedenen schon vor der Heirat geschenkt wurden (Art. 198 Ziff. 2 ZGB). Zu Beginn waren sie nur ein paar lumpige Dollars wert, inzwischen sind sie auf immerhin 10´000 Fr. gestiegen. Im Unterschied zu Erträgen von Eigengut bilden **konjunkturell bedingte Wertsteigerungen** keine Errungenschaft!

Onkel Toms Hütte ist ihm als Erbe **unentgeltlich** zugefallen und somit **Eigengut** (Art. 198 Ziff. 2). Ebenfalls **Eigengut** sind die Gegenstände zum **persönlichen Gebrauch** (Art. 198 Ziff. 1).

So weit, so gut.

Aber was ist mit den Zuwendungen, die der Erblaßte hinter dem Rücken seiner jetzigen Witwe an Dritte geleistet hat? Das waren immerhin ein paar tausend Franken, von deren Verwendung sie nichts gewußt, geschweige denn jener zugestimmt hatte!

Für solche Fälle gilt Art. 208 ZGB:

„[1] Zur Errungenschaft hinzugerechnet werden:

1.   unentgeltliche Zuwendungen, die ein Ehegatte während der letzten fünf Jahre vor Auflösung des Güterstandes ohne Zustimmung des andern Ehegatten gemacht hat, ausgenommen die üblichen Gelegenheitsgeschenke;

2.   Vermögensentäußerungen, die ein Ehegatte während der Dauer des Güterstandes vorgenommen hat, um den

Beteiligungsanspruch des andern zu schmälern.

[2] Bei Streitigkeiten über solche Zuwendungen oder Entäußerungen kann das Urteil dem begünstigten Dritten entgegengehalten werden, wenn ihm der Streit verkündet worden ist."

Die Bürgerrechts-Tausender der letzten fünf Jahre werden also zur Errungenschaft hinzugerechnet, die vorherigen sind perdu. Die Zuwendung an die aparte Heidi fällt vollumfänglich in die Anrechnungsfrist. Macht summa summarum 15'000 Franken, die aufgrund von Art. 208 ZGB zur Errungenschaft hinzugerechnet werden.

Errungenschaft/Vorschlag		Eigengut	
Bargeld	40'000.-	Sparbuch/Betrag bei der Eheschließung	5'000.-
Sparbuch/ Zinsen ab der Eheschließung	1'000.-	Aktien der Beecher- Stowe	10'000.-
Obligationen	20'000.-	Maiensäß	100'000.-
Hinzurechnung	15'000.-	Gegenstände zum persönlichen Gebrauch	0.-
Σ Errungenschaft:	76'000.-	Σ Eigengut:	115'000.-

Der Witwe steht die Hälfte seiner Errungenschaft/seines Vorschlages zu (Art. 215 ZGB), somit 38'000 Franken. Von wegen Ehegüterrecht. Die andere Hälfte fällt zusammen mit seinem Eigengut in den Topf, auf dem „Erbschaft" steht:

105

Güterrechtliche Ansprüche der Witwe bei Errungenschaftsbeteiligung		Erbschaft (Hälfte Vorschlag + Eigengut)	
Bargeld	20´000.-	Bargeld	20´000.-
Sparbuchzinsen ab der		Sparbuchzinsen ab der Ehe-	
Eheschließung	500.-	schließung	500.-
Obligationen	10´000.-	Obligationen	10´000.-
Hinzurechnung	7´500.-	Hinzurechnung	7´500.-
		Sparbuch/ Betrag bei der	
		Eheschließung	5´000.-
		Aktien der	
		Beecher- Stowe	10´000.-
		Maiensäß	100´000.-
		Gegenstände zum persönlichen Gebrauch	0.-
Σ	38´000.-	Σ	153´000.-

Wie wird nun die Erbschaft verteilt?

Zurück bleiben Ehegattin und Kinder. Wenn erstere in diesem Fall die Hälfte der Erbschaft erhält (Art. 462 ZGB), bleibt nach Adam Riese nur noch die andere Hälfte für die Kinder, die gemäß Art. 457[2] ZGB zu gleichen Teilen erben, macht je ein Viertel. Wenn also der Topfinhalt unseren Berechnungen zufolge 153´000 Fr. wert ist, greift sich die Witwe davon 76´500 Fr. und die Halbwaisen je 38´250 Fr.

Die Gegenstände zum persönlichen Gebrauch haben keinen benennbaren Wert. Sie können ohne Anrechnung nach Belieben verteilt werden. Wenn Leeroy und Charly also Gebiß, Rasierpinsel und Konfirmandenanzug haben wollen und auf dem Flohmarkt verkaufen, könnten sie zusätzlich noch ein hübsches Sümmchen erwirtschaften. Auf Erbrechtliches sei hier nicht weiter eingegangen.

Resultat: beim Güterstand der Errungenschaftsbeteiligung macht die Witwe einen Schnitt von 114' 500.- Fr.

Betrachten wir als nächstes die **allgemeine Gütergemeinschaft.**

Hier heißen unsere beiden Sortierhäufchen „Gesamtgut" und „Eigengut" (Art. 221 ZGB). Vermögen und Einkünfte beider Ehegatten bilden das Gesamtgut (sofern sie nicht von Gesetzes wegen Eigengut sind), gehören beiden, und keiner kann alleine über seinen Anteil verfügen (Art. 222 ZGB). Alle Vermögenswerte gelten als Gesamtgut, solange nicht bewiesen ist, daß sie Eigengut des einen sind. Nehmen wir an, daß die Browns weder ehevertraglich bestimmte Gegenstände zu Eigengut erklärt noch Zuwendungen Dritter erhalten haben, die sich ausbedungen haben, daß ihre Gabe Eigengut wird (s. Art. 225 ZGB), dann sieht's so aus:

Gesamtgut		Eigengut	
Vermögen Ehefrau	0.-	Gegenstände	
Bargeld	40' 000.-	zum persönli-	
Sparbuch	6' 000.-	chen Gebrauch	0.-
Obligationen	20' 000.-		
Aktien der			
Beecher- Stowe	10' 000.-		
Maiensäß	100' 000.-		
Σ	176' 000.-		

Wo die Hinzurechnung bleibt?

Die gibt´s nur bei Errungenschaftsbeteiligung. Da bei der Gütergemeinschaft immer **beide** mit Vermögensentäußerungen einverstanden sein müssen, war´s die Witwe entweder, oder aber, wenn sie
kleinlich ist, könnte sie die Rechtsgeschäfte mit Apartheidi und den
Bürgerrechtlern als nichtig betrachten. Dann könnte sie John
Brown´s money wieder zurückfordern, weil´s ja zur Hälfte auch
ihres ist.

Der überlebende Ehegatte erhält bei allgemeiner Gütergemeinschaft
die Hälfte des Gesamtgutes, und das wären hier 88´000.- Fr.

Berechnen wir die Erbschaft:

Güterrechtliche Ansprüche der Witwe bei Gütergemeinschaft		Erbschaft	
Bargeld	20´000.-	Bargeld	20´000.-
Sparbuch	3´000.-	Sparbuch	3´000.-
Obligationen	10´000.-	Obligationen	10´000.-
Aktien der		Aktien der	
Beecher- Stowe	5´000.-	Beecher- Stowe	5´000.-
Anteil Maiensäß	50´000.-	Anteil Maiensäß	50´000.-
		Gegenstände zum persönlichen Gebrauch	0.-
Σ	88´000.-	Σ	88´000,-

Wenn wir auch hier die Quoten nach Art. 462 ZGB berechnen, erhalten die beiden Kinder Werte von je 22'000 Fr., die Witwe von 44'000.- Fr.

Zusammen mit ihren Ansprüchen aus Güterrecht macht das 132'000.- Fr.

Bei Gütergemeinschaft ist somit der überlebende Ehegatte besser gestellt, wenn er an Erbschaften und Schenkungen partizipiert. Da man aber nie weiß, wessen Nummer zuerst aufgerufen wird, kann´s auch ganz ungut für den Überlebenden rauskommen. Von Witwe Brown haben wir bisher angenommen, sie habe gar kein eigenes Vermögen. Wenn sie aber doch was hat, etwa ein Schloß am Wörthersee geerbt, oder eine Töpferei in der Toskana?

Dann wäre das bei Errungenschaftsbeteiligung ihr Eigengut und ginge niemanden etwas an. Bei **Gütergemeinschaft**, sofern diese Vermögenswerte nicht ehevertraglich zu Eigengut erklärt worden wären, fielen sie ins **Gesamtgut**. Damit kann sie unter Umständen noch einen Verlust machen. Hätte ihr ererbter oder geschenkter Vermögensgegenstand einen Wert von, sagen wir mal, einer Million, so würden ihr unterm Strich an güterrechtlichen Ansprüchen und Erbe lediglich 882'000 Fr. bleiben.

Wer´s nicht glaubt, soll die Kalkulation selbst durchexerzieren.

Nach all der Rechnerei wischen wir uns erstmal den Schweiß von der Stirn, nehmen einen Schluck Wasser, um den Staub wegzuspülen und wenden uns dem nächsten Güterstand zu. Viel schneller fertig sind wir nämlich bei der **Gütertrennung.**

Da nutzt und verwaltet jeder Ehegatte sein Vermögen selber (Art. 247 ZGB). Wenn die Eigentumsverhältnisse nicht so klar sind, wird bis zu anderweitigem Beweis Miteigentum angenommen (Art. 248 ZGB). Bei Browns herrscht Ordnung, und deshalb brauchen wir uns damit nicht rumzuschlagen.

Das Vermögen des Verstorbenen, 176´000.- Fr., bildet die Erbschaft. Davon erbt die Überlebende die Hälfte, nämlich 88´000.- Fr., die Kinder je 44´000.- Fr.

Das Ganze nochmal schön übersichtlich:

Ansprüche	Errungenschafts-beteiligung	Güter-gemeinschaft	Güter-trennung
Witwe	114´500.-	132´000.-	88´000.-
zwei Kinder, je	38´250.-	22´000.-	44´000.-

Je nach Vermögensverhältnissen kann man also mit ehevertraglichen Abmachungen (s. auch Art. 216 ZGB!) Ehegatten und Kinder unterschiedlich begünstigen.

Das möge als Hinweis reichen. Genaueres findet sich in den Artikeln 181 bis 251 ZGB. Für persönliche Beratung und einen maßgeschneiderten Ehe/Erbvertrag wenden Sie sich bitte an einen Anwalt oder Notar.

Blick über die Grenzen

Wenn im **Senegal** ein verheirateter Mann stirbt, werden seiner Witwe aus dem Nachlaß die Nahrungsmittel und die Wohnung während der auf den Tod folgenden 300 Tage geschuldet - sofern sie nicht vorher wieder heiratet[57].

---

[57]Bergmann/Ferid, Senegal (1991), p. 49

110

In arabischen Ländern erhalten weibliche Hinterbliebene typischerweise die Hälfte dessen, was männlichen Erben zukommt. Nichtmuslime - wie etwa eine christliche Ehefrau - sind ohnehin von der Erbfolge eines Moslems ausgeschlossen.[58]

---

[58]Aldeeb, Sami: <u>Mariages entre partenaires suisses et musulmans.</u> (1998)

Trost für die Witwen und Waisen:

Lebensversicherungen

Der Tag geht, Herr Kaiser kommt.

Mitsamt einem Trostpflästerchen, das schon immer in der Lage war, die eine oder andere Träne zu trocknen. Obwohl Banknoten eigentlich nicht besonders saugfähig sind.

The stars of the Heavens, they are looking kindly down on the grave of old John Brown, und jetzt ist Zahltag. Deshalb steht er ja vor der Tür. Die Witwe öffnet, und dann reicht sie ihm die Hand, und sie sieht so traurig aus, ganz in Schwarz... Er weiß doch, daß sie bald schon kichert, denn ihr Mann war gut versichert!

Im Köfferchen hat er diesmal nebst Läpptopp und Händi auch John Browns Lebensversicherungspolicen, die ja nun fällig werden. Es handelt sich um

A) eine gemischte Versicherung[59] über 300´000 Fr.

B) eine gemischte Versicherung über 200´000 Fr., die er vor der Ehe abgeschlossen hat.

C) eine Todesfallrisikoversicherung über 40´000 Fr.

Als Begünstigte ist in allen drei Policen die Ehefrau angegeben.

Prasselt der gesamte Geldregen im Wert von 540´000 Fr. plus Über-schußanteile jetzt ungebremst auf sie nieder?

Nein, denn Versicherungen müssen zuerst die Schleuse von Art. 476 ZGB passieren. Dort heißt es: „Ist ein auf den Tod des Erblassers

---

[59]d.h. Kombination von Todesfallrisikoversicherung und Kapitalbildung mit Auszahlung im Erlebensfall

gestellter Versicherungsanspruch mit Verfügung unter Lebenden oder von Todes wegen zugunsten eines Dritten begründet oder bei Lebzeiten des Erblassers unentgeltlich auf einen Dritten übertragen worden, so wird der Rückkaufswert des Versicherungsanspruches im Zeitpunkt des Todes des Erblassers zu dessen Vermögen gerechnet."

Ergo muß zunächst die strenge Prüfungsfrage beantwortet werden: haben die Versicherungen Rückkaufswerte? Wenn ja, wie hoch sind diese?

A) Der Rückkaufswert der während der Ehe abgeschlossenen Versicherung über 300'000 Fr. beträgt 250'000 Fr.

B) Der Rückkaufswert der Versicherung über 200'000 Fr. liegt bei 175'000 Fr. Zum Zeitpunkt von John Browns Heirat waren's 5'000 Fr.

C) Nur die Todesfallrisikoversicherung in Höhe von 40'000 Fr. geht geschmeidig durch. Risikoversicherungen haben keinen Rückkaufswert und kommen somit in voller Höhe den Begünstigten zugute.

Die 250'000 Fr. aus A) und die 175'000 Fr. aus B) sind wegen Art. 476 ZGB John Browns Vermögen, an dem ja grundsätzlich alle Erben ein Interesse haben. Die Erfahrung lehrt: je größer der Kuchen, desto rauher die Tischmanieren. Im Sinne von fair play halten wir uns hier lieber an die Regeln des ZGB.

Deshalb kommt jetzt nochmal das gleiche Spielchen betreffs güterrechtlicher Auseinandersetzung. Diesmal mit dem Zweck, die Forderung des Nachlasses/der Erbschaft zu ermitteln.

Beginnen wir wieder mit der **Errungenschaftbeteiligung**.

A) wurde während der Ehe angesammelt und bildet somit Errungenschaft.

B) hatte bei der Heirat bereits einen Wert von 5'000 Fr., deshalb ist dieser Betrag Eigengut. Die restlichen 170'000 Fr. bilden Errungenschaft. Das Eigengut fällt ganz, die Errungenschaft zur Hälfte in die Erbschaft.

Alles klar?

Versicherungen: Rückkaufswerte	Errungenschaft	Eigengut	Erbschaft
A) 250´000 Fr.	250´000		125´000
B) 175´000 Fr.	170´000	5´000	90´000
			Σ 215´000

Leeroy und Charly, die Kinder des Verstorbenen, haben aus den Versicherungen also Anspruch auf von 107´500 Fr., die Hälfte der Erbschaft.

So, und jetzt die **Gütergemeinschaft**.

Da fallen die 250´000 Fr. aus A) und die 175´000 Fr. aus B) ins Gesamtgut, zusammen 425´000 Fr.. Erbschaft ist John Browns Hälfte von 212´500 Fr., davon gehört die Hälfte - 106´250 Fr. - den Kindern.

Diese haben bei **Gütertrennung** sowieso die besten Karten. Die Erbschaft macht dann stolze 425´000 Fr. und ihre Forderung somit 212´500 Fr. aus.

Blick über die Grenzen

In den **Niederlanden** ist die allgemeine Gütergemeinschaft der gesetzliche Güterstand. Dieser gilt auch für die registrierten Partnerschaften, sofern nicht (ehe-/registrierungs-)vertraglich andere Bestimmungen vereinbart werden.

Geh mir aus den Augen, Kleine/r!

- Trennung und Scheidung -

Güterrechtliche Knacknüsse:

Der Fischer und syne Fru[60]

Der Fischer und syne Fru wohnen laut Originalfassung in einem „Piß-pott". Trotz aufwendiger Recherchen unter Berücksichtigung der Eingeborenensprache ist es mir nicht gelungen, das Rätsel dieses Ausdrucks zu lösen. Normalgewachsene Mitteleuropäer können unmöglich in einem Nachttopf wohnen. Nun, gehen wir davon aus, daß die beiden sehr beengt und ärmlich hausen, in einer Art Wohnklo, wo es nach nach 4712 Echt Güllenwasser riecht.

Als der Fischer eines Tages mal wieder ans Netz geht, findet er darin eine wirklich außergewöhnliche Meeresfrucht: einen Butt, der reden kann und ihn gar artig darum bittet, wieder freigelassen zu werden. Er sei gar kein richtiger Butt, sondern ein verwunschener Prinz, der ohnehin nicht schmecken würde. Der Fischer erfüllt ihm gutmütig seinen Wunsch.

Als ihn zu Hause seine Frau interviewt, warum er nichts gefangen hat, erzählt er ihr diese Geschichte. Sie wittert sogleich Morgenluft: „Hest du dy denn niks wünschd?" Nein, etwas Derartiges war dem Fischer gar nicht in den Sinn gekommen, aber sie läßt nicht locker und dringt darauf, daß er sich von dem Butt eine „lüttje Hütt" wünschen solle. Seufzend macht er sich auf den Weg zum Strand und ruft:

„Manntje, Manntje, Timpe Te

Buttje, Buttje in der See,

myne Fru, de Ilsebill,

---

[60] Ludwig Bechstein, Brüder Grimm, Wilhelm Hauff: <u>Deutsche Märchen</u>. 265 Märchen und Sagen. Knaur, München 1954

will nich so als ik wol will."

Der Wunderfisch kommt prompt angeschwommen und erkundigt sich: „Na, wat will se denn?", und der Fischer gibt den Wunsch durch. Die Erfüllung folgt unverzüglich, denn statt des Pißpotts steht da jetzt eine hübsche und gut eingerichtete Hütte.

Die Fru strahlt und ist zufrieden, Manntje hat seine Ruhe.

Nicht lange.

Bald will sie ein Schloß mit einem größeren Garten drumherum. Das heißt für den Fischer wieder: vamos a la playa, und der Butt ersetzt die lüttje Hütt durch ein Schloß.

Wie heißt es so schön bei Wilhelm Busch: „.... ein jeder Wunsch, wenn er erfüllt, kriegt augenblicklich Junge" - bald reicht das nicht mehr. Die Fru will König sein. Natürlich mit der standesgemäßen Residenz!

Dann Kaiser.

Dann Papst.

Als sie wie Gott sein will, ist Sense. Die prachtvolle Behausung verwandelt sich auf einen Schlag wieder in den Pißpott.

Na, ob sich das wirklich genauso ereignet hat?

Wahrscheinlicher ist folgendes:

Das mit der lüttjen Hütt hat funktioniert. Dann kam der nächste Wunsch, der mit dem Schloß. Nun verbringt der Fischer dort die erste Nacht und träumt den weiteren Verlauf, den mit König, Kaiser und Papst und so. Als er schweißgebadet erwacht, reibt er sich die Augen und stellt erleichtert fest, daß weder auf seinem Nachttisch noch dem seiner Fru eine Krone rumliegt. Plötzlich und unerwartet hat er einen luziden Moment: wenn das so weitergeht und sie den Hals nicht vollkriegt, kann das kein gutes Ende nehmen! Man weiß ja, daß der erste Traum an einem neuen Ort in Erfüllung geht. Aber er hat doch keine Lust, eines Tages mit dem Papst verheiratet zu sein! Das Einfachste wäre zwar, dem Butt schlichtweg Ilsebills Wünsche nicht mehr zu übermitteln und endlich mal ein ernsthaftes Wort mit ihr zu reden. Aber nein, das ist ihm zu anstrengend.

Er will sie loswerden, und sei es nur in Form einer Trennung nach Art. 117 nZGB. Das läuft zwar gleich wie bei einer Scheidung, aber das Eheband bleibt erhalten. Immerhin bildet die nichtgeschiedene Ehe einen Schutz davor, nochmal zu heiraten und nochmal so reinzurasseln. Die Ehegatten leben inskünftig getrennt, und über die Folgen - allfälliger Unterhalt an den Finanzschwächeren, gegebenenfalls Regelungen bezüglich gemeinsamer Kinder - einigen sie sich mit Vorteil selber. Ansonsten bestehen gewisse Rechte und Pflichten weiter. Beerben kann sie ihn somit, ebenso eine Witwenrente einstreichen, das ist ihm ja egal; wenn sie nur getrennt und nicht geschieden sind, können sie sich nicht anderweitig verheiraten. Da Art. 118 nZGB verlangt, daß Gütertrennung eintritt, müssen wir die güterrechtliche Auseinandersetzung vornehmen.

Da haben wir ein Problem:

Was geschieht mit der Ehewohnung, also aktuell dem Schloß? Welcher Vermögensmasse ist es zuzuordnen? Ist es Eigengut, ist es Errungenschaft, und wohin gehört der beträchtliche Mehrwert?

Schön der Reihe nach!

Die güterrechtliche Qualifikation des Schlosses hat nach seiner Herkunft zu erfolgen.

Am Anfang war der Pißpott, und der war beim Fischer. Nehmen wir mal an. Wenn er ihm schon vor der Ehe gehörte, war er nämlich sein Eigengut. Sollte die Fru das bestreiten, müßte er laut Art. 200[1] ZGB beweisen, daß die Behausung schon vor der Ehe sein Eigentum war. Dann fährt er vielleicht Zeugen auf, die alle mit eigenen Augen gesehen haben, wie er damals seine Frischangetraute über die Schwelle des Pißpotts trug. Damit wäre die güterrechtliche Wurzel des Vermögens geklärt.

Beim **Mehrwert** der Liegenschaft kommt es nun darauf an, wie er zustandegekommen ist. Hätten die Eheleute aus Erwerbseinkommen Investitionen getätigt oder mit ihrer eigenen Hände Arbeit den Pißpott in ein stattliches Schloß verwandelt, so wäre dieser Mehrwert der Errungenschaft zuzuschlagen und eine entsprechende Ersatzforderung an das Eigenguts-Schloß abzuleiten. Aber der Vermögenszuwachs war ja unentgeltlich! Ohne einen Finger krummzumachen und ohne einen Pfennig dazuzuzahlen hatten der Fischer und syne Fru vom Butt das Gewünschte erhalten.

Das ist der kleine Unterschied mit den großen Folgen.

Wessen der Pißpott, dessen das Schloß. Es ist nämlich eine **Ersatzanschaffung** und somit nach Art. 198 ZGB Eigengut. Verlieren wir auch nicht Art. 207[1] ZGB aus den Augen, denn an unserem Beispiel erkennen wir dessen differenzierende Feinheit. Es heißt da: „Errungenschaft und Eigengut jedes Ehegatten werden nach ihrem Bestand im Zeitpunkt der Auflösung des Güterstandes ausgeschieden". Das Zauberwort heißt „**Bestand**", in diesem Fall die Liegenschaft, es geht also nicht um deren Wert![61] (Zeitpunkt der Auflösung ist übrigens mit Art. 204 ZGB der Tag der Einreichung des Begehrens auf Trennung). Der Fischer würde somit bei Eintritt der Gütertrennung das Schloß als sein Eigengut vollumfänglich zurücknehmen.

Wenn die beiden aber zu Beginn der Ehe obdachlos waren und die herrenlose Hütte an der See unbeanstandet in Besitz genommen und

---

[61]Sehr viel häufiger als Pißpötte, die sich in Schlösser verwandeln, sind Aktien. Auch da gilt: „Bestand"(=Anzahl), nicht „Wert", was man bei Aktien viel simpler auseinanderklamüsern kann

fürderhin als ihnen gehörend betrachtet hätten?[62]

Dann hätten sie **während** der Ehe das Eigentum daran erworben. Dann schlägt die Errungenschaftsvermutung nach Art. 200 ZGB zu. Wörtlich Absatz 3: „Alles Vermögen eines Ehegatten gilt bis zum Beweis des Gegenteils als Errungenschaft". Der Pißpott würde beiden je zur Hälfte gehören - folglich auch das Schloß.

Es ist eine der leidigen Dinge, die sich nun mal nicht gut auseinandersägen lassen. Was tun? Der Wertzuwachs besteht ja nicht nur in der Liegenschaft an sich, sondern auch in der Einrichtung. In einen Schloß steht und liegt auf jeden Fall mehr rum als in einem Pißpott Platz hätte. Dann ginge es lediglich um die Einigung, wer Boden und Gebäude behält, und wer mit beweglichen Sachen im gleichen Wert von dannen zieht.

Natürlich könnte man auch trefflich streiten. Die Fru könnte den ganzen Gewinn beanspruchen, mit dem Argument, daß ihre Wünsche eine conditio sine qua non für den neuen Reichtum waren. Wo säßen sie denn, wenn sie die Idee nicht gehabt hätte, hä?

Ach, mit den Wünschen ist das so eine Sache!

Der alte Salomo hat´s geschickt angestellt: er hat sich nicht Reichtümer gewünscht, sondern Verstand. Hätte der Fischer auch nur einen Funken davon, hätte er der Fru das Schloß überlassen und sich vom Butt ein Haus nach seinen Vorstellungen hinstellen lassen!

Wer heutzutage auf unentgeltlichen Vermögenszuwachs aus ist, kauft sich meist ein Lotterielos. Wie das Bundesgericht einen solchen Gewinn güterrechtlich beurteilt, ist in BGE 121 III 201 nachzulesen.

---

[62] = originärer Eigentumserwerb. Zum Thema „Besitz und Eigentum" siehe auch Advocatus diaboli: Das OR-Dschungelbuch (1999)

Blick über die Grenzen

Ort der Handlung ist der plattdeutsche Strand. Um einen Bezug zur Schweiz herzustellen, machen wir sowohl Fischer als auch Fru zu Gastarbeitern von Schweizer Nationalität; damit gelingt uns nämlich gleichzeitig eine sanfte Landung beim Internationalen Privatrecht.

Da das schweizerische IPR das Domizilprinzip hochhält (s. S. 2) und beide Wohnsitz an der Nordsee haben, fliegt der Ball sowieso wieder nach Deutschland, zum **deutschen IPR**. Ziehen wir uns hiervon mal eine Prise rein.

Zwei Fragen stellen sich:

1. Welches **Gericht** ist zuständig?

2. Welches **Recht** ist anzuwenden?

Das sind nämlich zwei Paar Schuhe, wie wir sehen werden.

Ad 1: die Gerichtszuständigkeit ist eine Frage des Prozeßrechtes. Hierzu finden wir in § 606a I ZPO (der BRD!) die beruhigende Gewißheit, daß auch Ausländer ihr Anliegen vor ein Gericht in deutschen Landen bringen können. Wörtlich:

„ZPO - § 606a. [Internationale Zuständigkeit]

(1) [1] Für Ehesachen sind die deutschen Gerichte zuständig,

1.   wenn ein Ehegatte Deutscher ist oder bei der Eheschließung war,

2.   wenn beide Ehegatten ihren gewöhnlichen Aufenthalt im Inland haben,

3.   wenn ein Ehegatte Staatenloser mit gewöhnlichem Aufenthalt im Inland ist oder

4.   wenn ein Ehegatte seinen gewöhnlichen Aufenthalt im Inland hat, es sei denn, daß die zu fällende Entscheidung offensichtlich nach dem Recht keines der Staa-

ten anerkannt würde, denen einer der Ehegatten angehört."

Beide haben Wohnsitz und gewöhnlichen Aufenthalt in Deutschland, ergo sind die dortigen Gerichte zuständig.

Das sagt noch nichts über das anzuwendende Recht!

Ad 2: Im Unterschied zum Domizilprinzip des schweizerischen IPR (s."cuius regio...", S. 2ff) sehen wir rasch, daß in Deutschland das **Staatsbürgerschaftsprinzip** gilt: bei Ausländern wird grundsätzlich deren Heimatrecht angewendet. Art. 14 EGBGB äußert sich über die Ehewirkungen:

„(1) Die allgemeinen Wirkungen der Ehe unterliegen

1. Dem Recht des Staates, dem beide Ehegatten angehören oder während der Ehe zuletzt angehörten, wenn einer von ihnen diesem Staat noch angehört..."

Sowohl Fischer als auch Fru waren schon immer Schweizer und wollten nie was anderes sein. Deshalb ist bereits klar, daß ihr Heimatrecht anzuwenden ist, und wir brauchen uns um den Rest von Art. 14 EGBGB nicht zu kümmern.

Art. 17 EGBGB verweist übrigens auch für das bei Scheidung anzuwendende Recht auf jenes, das für die allgemeinen Wirkungen der Ehe maßgebend ist. Etwas einfacher: wie man verheiratet ist, so wird geschieden. Oder, wie in unserem Fall: getrennt.

So kommen wir zum Schluß, daß der Fischer und syne Fru zwar vor einem **deutschen Familiengericht** antraben müssen, die dortigen Damen und Herren in den würdigen schwarzen Fummeln aber **schweizerisches Recht** anzuwenden haben. So will's das deutsche IPR.

Scheidung:
She´s got the gold mine

[Schneewittchen 2]

Darüber, wie es Schneewittchen nach der Heirat erging, wurde bereits berichtet (s. S. 37). Sie ist ziemlich mies drauf, und eigentlich wäre das so eine typische Situation, in der Treue und Beistand gemäß Art. 159³ ZGB gefordert sind. Hatte der Pfarrer damals nicht auch so schön gesprochen von „In guten wie in schlechten Zeiten"? Ach, was kümmert denn Harri Beau schon sein Geschwätz von gestern! Anstatt sich an sein Versprechen zu erinnern und seine Angetraute aufzuheitern oder wenigstens mal zum Arzt zu bringen, lästert er nur rum :"Trittst im Morgenrock daher, mindestens zwei Zentner schwer, du einst so Herrliche, Strahlende! Dich zu sehn, fett und gerötet, sofort alle Lust mir tötet", undsoweiter. Als Anrede hört sie kein zärtliches „m´amie" mehr, sondern nur noch „Mami". (Naja, wenn Deutschschweizer französisch sprechen, klingt ja sowieso beides gleich und „m´amie" wie „Mami"). Meist liegt sie apathisch auf dem Kanapee, und die Kinder wuseln durch die Gegend, Dave, Dee, Dozy, Beaky, Mick und Titch, die sechs eigenen Zwerge. Kurz und schlecht: die Luft ist ungefähr so rein und klar wie nach einem Chemieunfall bei Sommersmog.

Nachdem er mit seiner runderneuerten Schwiegermutter in die Beziehungskiste gestiegen ist und daselbst zu bleiben gedenkt, holt Harri mal wieder den Wagen. Für Bananenschachteln. Er will erstens ausziehen, zweitens sich scheiden lassen.

Bis zum 31.12.99 hätte er sich vor Gericht die Frage gefallen lassen müssen: „Porqué te vas?" Ein Scheidungswunsch mußte nämlich irgendwie begründet werden. Er hätte sich aber auch nicht einfach hinstellen und sagen können, "weil ich was mit meiner Schwiegermutter habe und sie heiraten will". Nach dem alten Artikel 137 aZGB hätte er damit nämlich Ehebruch begangen, und sowas soll man ja eigentlich nicht machen. Deshalb hätte höchstens Schneewittchen einen Scheidungsanspruch gehabt, weil niemand aus eigenem Unrecht ein Recht ableiten darf. Theoretisch.

Praktisch war die Behandlung der Schuldfrage halt doch daran entschieden worden, wer kraftvoller zubeißen konnte. Stichwort das berüchtigte Ausbreiten schmutziger Wäsche. Wer sich daran nicht fies genug beteiligte, weil er das mit Treue und Beistand nicht ganz über Bord werfen wollte, mußte damit rechnen, daß ihm dies zum Nachteil ausgelegt wurde. Damit wäre es sehr viel wahrscheinlicher gewesen, daß Harri Beau mächtig über seine Noch-Angetraute hergezogen hätte, um ihr irgendwie die Schuld aufzuhalsen. Daß mit ihr nichts mehr anzufangen sei, wie sie sich für nichts mehr interessiere und nur noch lethargisch rumhänge, etc. Auf die Idee, ihn an seine Beistandspflicht, die schlechten Zeiten, einen Arztbesuch o.ä. (siehe oben) zu erinnern, wäre ja doch kein Mensch mehr gekommen. Das mit der Schuld(zuweisung) hatte darüberhinaus nicht nur mit dem Scheidungsanspruch zu tun, sondern auch noch mit den Folgen in Sachen Unterhalt.

Inzwischen zurrt Justitia angesichts der Schuldfrage ihre Augenbinde besonders fest, weil sie sich damit nicht mehr beschäftigt. Die Betroffenen sollen sich darüber selbst zusammenraufen, und Unterhalt ist nicht mehr Sache des Benehmens. Ob ihre Binde das auf Dauer aushält, wird sich weisen.

Da die Schwelle zum Jahr 2000 überschritten ist, gilt für Scheidung neu: „You can get it if you really want!" Es reicht es nämlich, wenn die Noch-Eheleute

- gemeinsam die Scheidung begehren (ohne Angabe von Gründen!)

- eine vollständige Vereinbarung über die Scheidungsfolgen gleich mitliefern.

Das ist der einfachste Fall, nämlich Art. 111 nZGB. Die einvernehmliche Kündigung. Nicht völlig fristlos, sondern zur Sicherheit mit zwei Monaten Bedenkzeit.

Paaren mit Kindern ermöglicht Art. 133^3 nZGB seit dem 1.1.2000 neu die Beibehaltung der gemeinsamen elterlichen Sorge (früher: „elterliche Gewalt").

Nach dem Einreichen von Begehren und Unterlagen werden letztere vom Gericht geprüft und die Scheidungswilligen getrennt und einzeln interviewt, ob sie sich das auch gut überlegt haben. Zwei Monate später müssen sie ihren Scheidungswillen nochmal schriftlich bestätigen, danach ist ihre Ehe beendet.

Spielen wir´s mal durch:

Der schöne Prinz packt fröhlich pfeifend seinen Kram zusammen, und als er von der ersten Transportfuhre zurückkommt, bringt er gleich einen Entwurf für eine Scheidungskonvention mit. Durch die dichten Grauschleier ihrer Depression realisiert Schneewittchen nur, daß er sie loswerden will, und was kann sie dagegen schon tun! Kampfgeist hatte sie eh nie.

Da er als Model sehr gut verdient, verabsäumt er nicht, auf seine Großzügigkeit hinzuweisen. Mit enigmatischem Lächeln verspricht er, sie inskünftig wie ein rohes Ei zu behandeln. Was macht man gemeinhin mit rohen Eiern? Richtig - die werden entweder abgekocht oder in die Pfanne gehauen.

Er unterbreitet ihr folgenden Vorschlag:

Scheidung

1. Harri Beau, geb. am ..., von ... und Blanche-Neige Beau-Rivage, geb. am ..., von ..., ersuchen gemeinsam das Gericht um Scheidung ihrer am... in ... geschlossenen Ehe gemäß Art. 111 ZGB.

Ehegattenunterhalt

2. Da beide Ehegatten wirtschaftlich selbständig sind, wird auf Ehegattenunterhalt verzichtet.

Güterrechtliches

3. Die Goldmine verbleibt im Miteigentum; der Gewinn wird jährlich hälftig geteilt.

Was die übrigen Vermögenswerte betrifft, behält jeder Ehegatte zu Eigentum, was sich bereits in seinem Besitz befindet.

Elterliche Sorge

4. Die elterliche Sorge für die Kinder

> Dave, geb. am ...
> Dee, geb. am ...
> Dozy, geb. am ...
> Beaky, geb. am ...
> Mick, geb. am ... und
> Titch , geb. am ...

soll bei beiden Eltern verbleiben. Die Kinder wohnen weiterhin bei ihrer Mutter, und ihr Vater wird sie an zwei Tagen jeder Woche selbst betreuen. Pro Jahr wird er auf seine Kosten vier Wochen Ferien mit ihnen verbringen.

Kindesunterhalt

5. An den Unterhalt der Kinder trägt ihr Vater folgende Beträge bei:

pro Kind

bis zum 5. Altersjahr	200.- Fr., plus Kinderzulage
bis zum 10.	300.- Fr. "
bis zum 15.	400.- Fr. "
danach bis zum Abschluß	
einer Ausbildung	500.- Fr. "

Wenn sie unterschreibt, muß er nur noch folgende Papiere dazulegen, und ab die Post:

- die letzten zwei Jahresbilanzen der Goldmine
- seinen Lohnausweis von der Modelagentur Faber & Ludens
- aktuelle Bank- und Depotauszüge (von beiden)
- amtliche Schätzung der Liegenschaft "Hinter den sieben Bergen" (war Ehewohnung, dort lebt nun Blanche-Neige/ Schneewittchen mit den Kindern)
- seinen neuen Mietvertrag
- Versicherungsausweise der Krankenkasse (für Eltern und Kinder Beau-Rivage)
- Bestätigung über den Rückkaufswert seiner Lebensversicherung bei der Hamsterpotsdamer Leib und Leben
- Steuererklärung mit Wertschriftenverzeichnis
- Bestätigung der Pensionskasse über die Austrittsleistung bei Heirat und bei Scheidung.

Wenn er damit durchkommt, kann er sich die Hände reiben. Dann bestätigt sie nach zwei Monaten sowohl Konvention als auch Scheidungswillen, und das ist dann ein schöner runder Fall von Art. 111 nZGB.

So, jetzt bauen wir aber noch was Hübsches ein:

Irgendwie realisiert Schneewittchen nach dem ersten Termin doch noch, daß die Goldmine ein Geschenk der sieben Zwerge war, und zwar an sie allein! Geht sie ihren künftigen Geschiedenen denn damit überhaupt etwas an?

Keineswegs!

Die Goldmine ist ihr Eigengut (Art. 198 ZGB), lediglich ihre Erträge bildeten während der Ehe Errungenschaft, an der ihr Noch-Ehemann hälftig mitnascht (Art. 197, Art. 210 und Art. 215 ZGB). Das paßt ihm natürlich gar nicht, er hat sich doch immer als Miteigentümer betrachtet! Wo doch gerade so eine vielversprechende neue Goldader entdeckt worden ist, die alles bisher Dagewesene in den Schatten stellt!

Die **Scheidung** wollen zwar beide, aber sie sind sich nicht über **alle Folgen** einig. Damit müssen sie eins rüberrutschen zu Art. 112 nZGB.

Der setzt ebenfalls ein gemeinsames Scheidungsbegehren voraus, auch hier sollte möglichst vieles einvernehmlich geregelt sein, aber die Entscheidung über strittige Folgesachen kann dem Gericht überlassen werden.

Und wenn Schneewittchen findet, „Nö, da mach ich nicht mit! Ich laß mich nicht scheiden. Du kannst doch nicht einfach einen Vertrag verletzen und für dich daraus auch noch das Recht ableiten, dich bei der nächsten Gelegenheit sang-, klang- und ersatzlos verdrücken zu dürfen!"?

Doch, er darf. Traurig, aber wahr.

Die Artikel 111 und 112 nZGB setzen eine Einigung darüber voraus, daß man scheiden will. Aber es geht auch einseitig. Via Klage.

„Und bist du nicht willig - so sitz ich halt noch vier Jahre ab," grinst er schmutzig, „und zwar auf einer Backe! Ab sofort sind wir getrennte Leute, und pünktlich zum vierten Jahrestag reich ich die Scheidung ein. Die geht dann durch, ob du willst oder nicht!" Damit nimmt

128

er Bezug auf Art. 114 nZGB, mit dem wir uns gesondert beschäftigen.

Blick über die Grenzen:

Die bereits erwähnten fünf verschiedenen Rechtsordnungen in **Kenia** kennen jeweils mehrere Scheidungsgründe, und als besonders exotische Spielart jenen der Sodomie. Bezüglich den nach allgemeinem staatlichem Recht geschlossenen Ehen heißt es im „Matrimonial Causes Act" in Sec. 8: „(1) A petition to divorce may be presented to the court (...) d) (...) by the wife on the ground that her husband has, since the celebration of the marriage, been guilty of rape, sodomy or bestiality."[63] („Sodomy" kann ja noch Sex à la grecque bedeuten, aber „bestiality" ist eindeutig.)

"Since the celebration of the marriage..."- was er vor der Heirat mit der Ziege getrieben hat, fällt offenbar nicht ins Gewicht. Da reibt man sich doch verwundert die Augen, vergewissert sich, ob man richtig gelesen hat und überlegt, ob die Erwähnung solchen Schweinkrams wohl ein Indikator für dessen Auftretenswahrscheinlichkeit sein könnte?!

---

[63] Nachzulesen bei Bergmann/Ferid, Kenia (1992), p.97. Gilt auch für Hindu-Ehen, p.76

Scheidungsanspruch nach vier Jahren?

Kondwiramurs, die grüne Witwe

[Parzival-Epos 1]

Zum Verständnis dessen, was hier abgeht, beleuchten wir kurz die Familiengeschichte:

Eine gewisse Herzeloyde[64] hatte zwecks Partnerwahl ein Ritterturnier ausgeschrieben, ein gewisser Gachmuret hatte gewonnen: das Turnier, ihre Hand und ihr Königreich. Wenigstens erfährt die Nachwelt, wie's nach der Hochzeit weiterging.

Herzeloyde wollte sooo gerne, daß Gachmuret seßhaft wird, und eine Zeitlang lief's auch ganz gut. Auf die Dauer behagte ihm dieses ständige Betüdeltwerden dann doch nicht, und er zog wieder in die Welt hinaus, Abenteuer suchen. Das erwies sich sehr bald als sehr ungesund, denn er mußte am eigenen Leib erfahren, daß wer sich in Gefahr begibt, darin umkommt.

Deshalb bekam er seinen Sohnemann Parzival gar nicht mehr zu Gesicht. Shit happens.

Die frischgebackene Witwe kriegt ihren neuen Zivilstand emotional nicht auf die Reihe, und Parzival muß das mitausbaden. Sie zieht nämlich mit ihm in die Wälder, weitab von jeglicher Zivilisation. Wenn er weder in die Schule noch sonstwie unter die Leute geht, wo er doch nur auf dumme Gedanken kommt, so Herzeloydes Kalkül, wird wenigstens er für immer bei ihr bleiben. Ödipus mal andersrum.

So ganz nach Plan funktioniert das dann doch nicht, denn eines Tages begegnen Jung-Parzival drei Ritter. Die machen ihm dermaßen Ein-

---

[64] Für diesen und einige andere Namen aus dem Parzival-Epos von Wolfram von Eschenbach existieren unterschiedliche Schreibweisen

druck, daß er ab sofort die fixe Idee hat: „Wenn ich groß bin, werd ich Ritter!", und er will unbedingt an König Artus' Hof. Jetzt hat Mutter ein Problem!

Die Lösung, die sie sich ausdenkt:

Sie bastelt ihm Klamotten, in denen er aussieht wie der Inbegriff des Dorfdeppen und hofft, daß er, wo immer er hinkommt, verspottet und ausgelacht wird. Das würde ihm bald verleiden, und mit eingeklemmtem ... äh, mit reumütig gesenktem Blick würde er in Mutters warme Arme zurückkehren. Ihre Rechnung geht dann wieder nicht auf, könnte dies auch gar nicht mehr: kaum daß er außer Sichtweite ist, sinkt Herzeloyde, bereits tot zu Boden. Was hat man schon vom Leben zu erwarten, wenn man mit so einem Namen gestraft ist!

Abgang Herzeloyde, Zoom auf Parzival.

Jener, intellektuell und sozial retardiert, stellt allerhand Blödsinn an und tritt mit schlafwandlerischer Sicherheit in diverse Fettnäpfe, die hier nicht im Einzelnen dargelegt werden sollen.

Als er in einer Art David-gegen-Goliath-Nummer den Roten Ither (böse) erschlägt, kriegt er dessen Rüstung und hat damit wenigstens mal was Anständiges zum Anziehen.

So richtig Konversation machen kann er zwar immer noch nicht, als er Kondwiramurs (gut+schön) begegnet, aber immerhin rettet er sie vor Klamide (böse). Den hatte sie abblitzen lassen, und nun belagert er ihre Stadt und läßt sie aushungern. Den Angreifern zeigt Parzival mal ordentlich, was 'ne Harke ist, und weil das alles so aufregend ist und so gut ausgeht, macht ihm Königin Kondwiramurs gleich einen Heiratsantrag. Ein Königreich *und* ein Bett, wer kann dazu schon nein sagen?!

Eine Zeitlang sind sie dann auch schön und gut und mutig und glücklich, und so könnte es auch bleiben.

Doch dann brennt´s Parzival wieder in seinen Reiseschuh´n, und er begibt sich auf ritterliche Arbeitssuche, was Kondwiramurs´ Anwesenheit ausschließt. Sie bleibt also alleine zurück, auf unbestimmte Zeit.

So, jetzt kommen wir langsam zur Sache.

Da Parzival noch längst nicht alle edukativen Defizite ausgeglichen hat, vermasselt er denn auch den großen Coup von Montsalvatsch, der Gralsburg. Anstatt den alten kranken Amfortas wohlerzogen zu fragen, was ihm fehlt, bzw. was er ihm Gutes tun könne, kriegt er die Kiemen nicht auseinander und macht einen unrühmlichen Abgang. Das fuchst ihn im Nachhinein dermaßen, daß er sich nun erst recht nicht nach Hause traut und lieber weiter durch die Wälder irrt. Nicht nur zur Sommerszeit, nein, auch im Winter, wenn es schneit.

Da will´s eines Tages der Zufall, daß just über ihm ein Falke eine Wildgans reißt und drei Tropfen Blut genau vor ihm in den Schnee fallen.

Drei Tropfen Blut, die ihn an irgendwas erinnern

„Punkt, Punkt, Komma - da war doch noch was?!" Während er verschärft nachdenkt, wird er mehrfach angegriffen und besiegt alle Gegner quasi in Trance. „Da war doch noch was... Punkt, Punkt, Komma - gleich hab ich´s! Punkt, Punkt, Komma... Strich! Fertig ist das Mondgesicht! Kondwiramurs!" Eigentlich möchte er sie gerne mal wieder sehen.

So, jetzt sind wir im Herzen des Themas:

Lang, lang ist´s her, seit er Tisch und Bett seiner Queen of Hearts verlassen hat. Vier Jahre, oder länger?

Gemäß Art. 114 nZGB kann ein Ehegatte nach vierjähriger Trennung die Scheidung verlangen. Muß er damit rechnen, daß er bei seiner Rückkehr ein geschiedener Mann ist?

So schnell geht´s nun auch wieder nicht!

Für die Anwendung von Art. 114 nZGB muß eine Trennung als solche deklariert sein. Wer etwa bei einer Reise gekidnappt und bis zur Zahlung von Lösegeld versteckt gehalten wird, muß nicht befürchten, daß ihm dies als Trennung im Sinne von Art. 114 nZGB ausgelegt wird. Kondwiramurs hat also keinen automatischen Scheidungsanspruch nach vier Jahren. Sie hat ihn geheiratet im Wissen, daß er als Ritter durch die Lande zu ziehen und Gutes zu tun pflegt. Zumindest dem Vorsatze nach. That´s what you get for loving me, oder so ähnlich, hatte es geklungen.

Menschlich gesehen kann man Parzival ja mildernd anrechnen, daß er milieugeschädigt ist. Bei seiner schrägen Herkunftsfamüllje will er sich halt nie wieder von einer Frau verar-, pardon: verschaukeln lassen. Stattdessen hängt er lieber mit den chevaliers de la table ronde rum oder sucht den Gral. So macht er halt auf seine Art was draus. Als er wieder zurückkommt, sind die Kinder, Lohengrin und Kardeis, wenigstens schon aus dem Gröbsten raus und Kondwiramurs ist froh, daß er mal wieder da ist.

Anders verhält es sich bei ihrer Schwiegertochter Elsa von Brabant. Mit ihr beschäftigen wir uns gleich im nächsten Kapitel.

Blick über die Grenzen

In Deutschland ist eine Scheidung frühestens nach einem Jahr Trennung möglich. Wer also den Kater nach der Hochzeitsfeier ausgeschlafen hat und entsetzt realisiert, daß er ja ernsthaft verheiratet ist, muß dies mindestens ein Jahr bleiben (von ganz extremen Härtefällen mal abgesehen, § 1565² BGB). Zumindest auf dem Papier, und ohne überhaupt zusammen zu wohnen. So kann durchaus die Ehedauer mit der Trennungsdauer identisch sein. Alles schon dagewesen!

Scheidung nach vierjähriger Trennung:
Junge, komm nie wieder!

[Parzival-Epos 3]

Wie wir gesehen haben, kann die von Lohengrin verlassene Elsa von Brabant die Ehe auflösen, indem sie ihn für verschollen erklären läßt (s. S. 41). Sie kann sich aber auch scheiden lassen.

Wie geht das?

Nun, eine einverständliche Scheidung nach den Artikeln 111 oder 112 nZGB ist unter den gegebenen Umständen nicht möglich. Wer nicht da ist, kann schließlich keine Erklärung abgeben.

Lohengrins Verhalten läßt vermuten, daß er nicht einfach so mal geschäftlich wegmußte. Es darf vielmehr der Trennungswille vermutet werden. In all den Jahren hat er nie von sich hören lassen, nicht mal den Kindern eine Geburtstagskarte geschickt. Damit sind die Voraussetzungen für eine Scheidung nach Art. 114 nZGB (Scheidung nach vierjähriger Trennung) gegeben, zumal Lohengrins physische Präsenz hierfür nicht vonnöten ist. Die Entscheidungen über Güterrechtliches und Unterhalt sowie Aufteilung der Altersvorsorge trifft in diesem Fall das Gericht.

Weil es ihm damals nicht schnell genug gehen konnte, war er gewissermaßen nur mit Sturmgepäck gereist. Alle Wertgegenstände hat er zurückgelassen: 100 Aktien der Rheingold AG, 1 Sparschwan (groß und gut gefüllt), 1 kostbare Karfunkelsteinsammlung, 1 besonders schimmernde Sonntagsrüstung. Im Falle einer Scheidung müßten diese ehegüterrechtlich aufgeteilt werden, und sein Anteil könnte das Substrat bilden, aus dem die Unterhaltsansprüche von Weib und Kindern befriedigt werden können.

Lohengrins Aufenthalt ist unbekannt. Wenn er weiterhin nichts von sich hören ließe, würde die Scheidung im Amtsblatt publiziert, und Elsa wäre aus dem Schneider, egal, ob er´s zur Kenntnis nähme oder nicht.

Griff in die Mottenkiste

Bis Ende 1999 gab es zwar noch den Scheidungsgrund "Böswilliges Verlassen" (Art. 140 ZGB), aber nach dem krähte ohnehin schon lange kein Hahn mehr. Erweisen wir ihm die letzte Ehre in Form einer wörtlichen Wiedergabe:

"1. Hat ein Ehegatte den andern böswillig verlassen, oder ist er ohne wichtigen Grund nicht zum ehelichen Wohnsitz zurückgekehrt, so kann der andere Ehegatte, solange dieser Zustand dauert, auf Scheidung klagen, wenn die Abwesenheit wenigstens zwei Jahre gewährt hat.

2. Auf das Begehren des Klageberechtigten hat der Richter den abwesenden Ehegatten, nötigenfalls öffentlich, aufzufordern, binnen sechs Monaten zurückzukehren.

3. Die Klage darf erst nach Ablauf dieser weitern Frist angebracht werden."

Der letzte Satz am Telefon

- im ersten Akt:

...ich dich auch...

- im letzten Akt:

!! du mich auch!!!

Kindesunterhalt, alt und neu:
I need more of you

Kermit und Miß Zicki sind geschieden.

Sie hatte weiterhin Wert drauf gelegt, ganz entspannt im Hier und Jetzt zu leben. Jegliche Vorschriften erfüllten sie mit Abscheu. Den gemeinsamen Sohn Clarence regelmäßig zu verpflegen oder ihn pünktlich in den Kindergarten bringen - welch eine Zumutung! Nein, ganz spontan wollte sie das entscheiden.

Nun war aber Clarence dummerweise genauso schrecklich altmodisch wie sein Vater. Der war nämlich nicht nur hilfsbereit, sondern auch zuverlässig. Mit dem konnte man wenigstens fairen Handel betreiben. Deshalb wollte er bei seinem Vater bleiben. Da Zicki kein Interesse an der gemeinsamen elterlichen Sorge hatte, übernahm Kermit diese alleine.

Die Scheidungskonvention wurde damals zu beider Zufriedenheit abgeschlossen, und der vereinbarte Unterhalt war angemessen.

So weit, so gut.

Doch dann stellt sich ein Problem:

Clarence, immer gesund und munter, wacht eines Tages auf - und schielt!

Das war nicht vorherzusehen, niemand weiß, woher's kommt. Auf jeden Fall braucht er nun eine finanziell nicht gerade unerhebliche Behandlung. Sehschule, Brille, und wenn alles nichts hilft, eine Operation. Zwar zahlt die Krankenkasse einen großen Teil der Kosten, aber was ist mit dem zusätzlichen Betreuungsaufwand? Kermit muß seine Erwerbstätigkeit reduzieren, um Clarence regelmäßig zum Onkel Doktor zu bringen, und die Reisekosten sind auch nicht von Pappe.

Was, wenn es für dieses Leiden gar einen Spezialisten braucht, der nur Privatpatienten annimmt?

Wirtschaftlich ist er also nun erheblich schlechter dran. Sein Sohn ist ihm zwar nach wie vor lieb und teuer, aber daß er gleich so viel teurer werden mußte, war nicht vorherzusehen.

Was ist neu seit dem 1.1.2000?

Art. 275a nZGB gibt dem Elternteil, der nicht die elterliche Sorge hat, das Recht, bei besonderen Ereignissen bezüglich des Kindes benachrichtigt und in Entscheidungen miteinbezogen zu werden. Ferner dürfen beide Eltern gleichermaßen bei Lehrkräften, Ärzten u.ä. Auskünfte über Zustand und Entwicklung des Kindes einholen.

Art. 285 nZGB wurde hinsichtlich der Leistungspflicht beider Eltern verfeinert, und er enthält Bestimmungen für den Sozialversicherungsfall des Schuldners.

Art. 286 ZGB, der Abänderungen des Kindesunterhalts betrifft, wurde durch Absatz 3 ergänzt: „[3] Bei nicht vorhergesehenen außerordentlichen Bedürfnissen des Kindes kann das Gericht die Eltern zur Leistung eines besonderen Beitrags verpflichten".

Miß Zicki darf also auch Infos einholen, und über die geplante Behandlung kann sie mitentscheiden (Art. 275a nZGB). Kermit kann verlangen, daß sie sich finanziell an dem Mehraufwand für Clarence beteiligt (Art. 286[3] nZGB). Miß Zicki kann also fordern „I need more of you" und Unterhaltung meinen. Kermits „I need more from you", was sich auf Unterhalt bezieht, ist genauso legitim (siehe auch S. 164).

Blick über die Grenzen

In **Marokko** kann nach Scheidung eine Mutter für die Ausübung des Sorgerechts eine Vergütung verlangen, unabhängig vom Unterhalt. Das Sorgerecht kann ihr jedoch entzogen werden, „sobald das Kind das 5. Lebensjahr vollendet hat, wenn die Religion von der des Vaters abweicht und zu befürchten ist, daß sie das Kind nicht in der Religion des Vaters erzieht"[65]

---

[65]Bergmann/Ferid, Marokko (1995), p. 20; Rieck, Jürgen: Die Rolle des Islam bei Eheverträgen mit einem nichtmoslemischen Ehepartner (2000)

Yes, sœur, that´s my baby!

- Kindesverhältnis -

Entstehung des Kindesverhältnisses:
Did she mention my name?[66]

[Dornröschen 1]

Da war noch diese abenteuerliche Geschichte mit Rosa, der Tochter der Eheleute Dorn. Meist wird doch glatt der Anfang davon verschlafen!

Wörtlich heißt es dort:

„Vor Zeiten waren ein König und eine Königin, die sprachen jeden Tag: „Ach, wenn wir doch ein Kind hätten!", und kriegten immer keins. Da trug sich zu, als die Königin einmal im Bade saß, daß ein Frosch aus dem Wasser ans Land kroch und zu ihr sprach: „Dein Wunsch wird erfüllt werden; ehe ein Jahr vergeht, wirst du eine Tochter zur Welt bringen"[67].

Ein Frosch - da lachen ja die Hühner! Das war natürlich Kermit, den wir aus dem Märchen „Froschkönig" kennen. Der hat doch nur seine bewährte Froschnummer abgezogen, um mal wieder eine Frau anzubaggern. Weder jene noch ihr Mann schienen das so richtig gepeilt zu haben, wo die kleinen Kinder herkommen, sonst hätten sie nicht nur gesprochen, sondern mal was Zweckmäßigeres gemacht. Kermit gab da wohl Nachhilfeunterricht, denn wie sonst hätte er so sicher sein können, daß sie ein Kind kriegt?! Im Detail brauchen wir das ja nicht auszumalen, jedenfalls wissen wir, daß zur entsprechenden Zeit

---

[66]Das möchte auch Gordon Lightfoot wissen. Es gibt jedoch keine Anhaltspunkte dafür, daß sein Interesse etwas mit einer Vaterschaftsfeststellung zu tun hat!

[67]Dornröschen. Grimms Märchen

Dornröschen das Licht des Kreißsaals erblickt.

Biologisch ist also Kermit ihr Vater. Hauptsache, er weiß es, und die Mutter weiß es, denn damit konstellieren sich potentielle Ehehindernisse für das Kind. Man stelle sich vor - wenn ein Sohn von Kermit sie dereinst versehentlich wachküssen und heiraten wollen würde!

Wie ist das nun mit dem Kindesverhältnis?

Das Kindesverhältnis zur Mutter entsteht mit der Geburt (Art. 252^1 ZGB). Mater certa est. Schließlich läßt sich das am eindeutigsten feststellen, denn was an den beiden Enden der selben Nabelschnur hängt, muß ja irgendwie zusammengehören.

Und wer ist rechtlich der Vater, Kermit oder der Dorn-König?

Nach Art. 252^2 ZGB wird das Kindesverhältnis zum Vater "kraft der Ehe der Mutter begründet oder durch Anerkennung oder durch den Richter festgestellt". Auf deutsch: für Justitia ist der Ehemann der Mutter auch der Vater der Kinder (Art. 255 ZGB) - egal, was hinter verschlossenen Schlafzimmer-, Hotel- oder Gynäkologenpraxistüren vorgegangen sein mag. Sofern die Beteiligten den Mund halten, gilt sie also als eheliches Kind, an dem niemandem etwas Besonderes auffällt. Daß sie bei der Geburt etwas grünlich aussah, nun ja, sowas kommt vor, wenn der Termin erheblich überschritten wird. Der Ehemann von Dornröschens Mutter ist denn auch ganz häppi, wenigstens einmal im Leben etwas zustandegebracht zu haben, das Kopf und A..., ähm, Hand und Fuß hat, und wer mag ihm schon das selige Lächeln vom Gesicht nehmen, wenn er Röschen im Arm hält und Freund und Feind stolz verkündet: „Meins, wie es singt und lacht!"! Der biologische Vater ist damit jedenfalls weg vom Fenster und aller Rechte und Pflichten enthoben.

Aber wenn Kermit doch mal so richtig Vatertag feiern und beim Kindergeburtstag mitmischen will, welche Chancen hat er?

Rechtlich keine! Er soll schließlich nicht noch mehr in die Ehe rein-funken. Nur der Ehemann selbst könnte die Vermutung seiner Vater-schaft anfechten (und Dornröschen selbst, falls sich Mutter und Noch-Vater vor ihrer Mündigkeit getrennt haben). Das Häßlichste daran ist: so ein Ehemann muß dann gegen das Kind (und dessen Mut-ter) klagen (Art. 256 ZGB). Wer klagt schon gegen ein Kind, ohne sich irgendwie als herzloses Monster zu fühlen!

Kurz und gut, es hat so zu sein, wie es sich gehört, nämlich daß eheli-cher Nachwuchs als vollumfängliche Eigenproduktion betrachtet wird, auch wenn sich´s faktisch um Import handelt. Der Ehemann der Kindsmutter kann also mit Fug und Recht behaupten: „Meins bleibt meins!"

Was, wenn die strahlende Mutter nicht verheiratet wäre?

Wie käme dann Dornröschen zu einem Vater?

Das Einfachste wäre, wenn Kermit sie **anerkennen** würde (Art. 260 ZGB), das muß außer dem Zivilstandsbeamten niemandem sonst zu Ohren kommen.

Wenn er dazu nicht willens ist, können sowohl die Mutter als auch das Kind auf Feststellung seiner Vaterschaft **klagen**. Gegen Kermit. Falls er verheiratet ist: auch an die Ehefrau ist gedacht. Sie wird nämlich vom Gericht über die Klage informiert (Art. 261 ZGB). Falls er zum Zeitpunkt der Einreichung bereits seinen endgültigen Wohn-sitz auf dem Friedhof hat, richtet sich die Klage der Reihe nach - je nach Verfügbarkeit - gegen seine Nachkommen, Eltern, Geschwister oder die zuständige Behörde seines letzten Wohnsitzes. So kann´s durchaus mal die originelle Situation geben, daß sich eine Vater-schaftsklage gegen eine Frau (Kermits Mutter, Schwester oder Tochter) richtet.

Wer also über den Zaun frißt und dabei Ableger produziert, sollte lieber freiwillig anerkennen. Dann braucht´s die Ehefrau vor seinem Tod bzw. der Testamentseröffnung nämlich gar nicht zu erfahren. Danach kann sie Zeter und Mordio schreien wie sie will, ihn braucht´s nicht mehr zu kratzen.

Wer nicht freiwillig anerkennt, sollte sich mit Vorteil warm anziehen, denn anläßlich der Vaterschaftsklage käme schon zu seinen Lebzeiten alles raus.

Blick über die Grenzen

Bis vor gar nicht so langer Zeit galt es als außerordentlich unschicklich, unehelich geboren zu sein. Nichteheliche Kinder sind beileibe nicht immer und überall den ehelichen gleichgestellt.

Unter den Köstlichkeiten des österreichischen ABGB findet sich das Stichwort „Legitimation der unehelichen Kinder". Diese geschieht entweder durch die nachfolgende Ehe der Eltern (§ 161 ABGB), oder aber durch den Bundespräsidenten. Der diesbezügliche § 162 ABGB klingt so bezaubernd, daß er geradezu nach wörtlicher Wiedergabe schreit:

„§ 162. Die uneheliche Geburt kann einem Kinde an seiner bürgerlichen Achtung und an seinem Fortkommen keinen Abbruch tun. Zu diesem Ende bedarf es keiner besonderen Begünstigung des Bundespräsidenten wodurch das Kind als ein eheliches erklärt wird. Nur die Eltern können um solche ansuchen, wenn sie das Kind gleich einem ehelichen [der Standesvorzüge oder] des Rechtes an dem frei vererblichen Vermögen teilhaft machen wollen. In Rücksicht auf die übrigen Familienglieder hat diese Begünstigung keine Wirkung."

Papa postum:
Die Wahrheit über Rumpelstilz
[Rumpelstilzchen 2; Dornröschen]

„Es ist schon weit nach Mitternacht, der Tag ist längst vorbei, mir fallen gleich die Augen zu, verdammte Spinnerei..." [68]. Wer summt da so vor sich hin? Rumpelstilzchen, wer sonst. Er ist inzwischen bei Dagobert fest angestellt. Ab und zu hütet er die Kinder oder veranstaltet Lagerfeuer mit Gebackenem und Gebrautem.

So weit, so gut. Lassen wir ihn in Ruhe weiterspinnen, ziehen uns diskret zurück und wundern uns:

Warum half Rumpelstilzchen Louise Millerin damals aus der Goldstrohpatsche?

Warum forderte er eine Gegenleistung, als sie bat: „Help me make it through the night"?

Und warum um alles in der Welt machte er so ein Gesch.., ähm, so eine Affäre aus seinem Namen?

Wie kam der Müller überhaupt auf diese Idee, seine Tochter könne Stroh zu Gold spinnen?

All das blieb lange Zeit ein Rätsel. Jetzt werden wir's endlich lösen.

Szenenwechsel.

Rückblende.

In einem kühlen Grunde, da geht ein Mühlenrad, der Müller ist verstorben, der dort gewohnet hat. Seine Ehefrau hat ihn schon vor

---

[68]Ob er Fan von „Truck Stop" ist und als nächstes den Wunsch äußert „ich möcht' so gern Dave Dudley hör'n", kann uns im Moment egal sein

einiger Zeit zum Witwer gemacht, vermutlich hatte sie seine durchgeknallten Ideen nicht mehr ertragen. Somit reduziert sich die Anzahl seiner trauernden Hinterbliebenen auf die Tochter.

Sollte man meinen.

Auf der Suche nach den Lebensversicherungspolicen fällt ihr ein vergilbtes Couvert in die Hände. „Testament" steht darauf. Komisch, denkt sie, ist doch eigentlich alles klar, oder? Trotzdem ist sie neugierig und beginnt zu lesen.

Nun erfahren wir auch endlich des Rätsels Lösung:

Rumpelstilzchen ist der Sohn des Müllers!

Das kam so:

Das Wandern ist des Müllers Lust. So ging er im im Walde einst für sich hin, als er eine wunderschöne, aber bitterlich weinende Frau antraf. Sie erzählte ihm, daß sie dem Klub der Weisen Frauen angehörte, und der ganze Klub war eigentlich zu Dornröschens Taufe eingeladen (s. S. 24). Sie hatte eine Super-Turbo-Wunderspindel besorgt und bereits besonders liebevoll als Geschenk verpackt, war dann aber im letzten Moment wieder ausgeladen worden. Es habe geheißen, die Familie verfüge nur über 12 Teller, und weil der Weisen Frauen 13 waren, mußte eine draußen bleiben. Sowas schmerzt! Als ob sie ihren Kuchen nicht auch von einem Pappteller hätte essen können, wo doch jeder weiß: dabeisein ist alles!

Ach, wie wild doch eine gekränkte Seele um sich zu schlagen vermag! Ihr Geschenk nahm sie natürlich wieder mit und teilte stattdessen den Fluch aus, daß sich das Kind an seinem 15. Geburtstage an einer Spindel stechen und daran sterben werde. Was man nicht so alles sagt in akuter Pein, was sicher nicht für die Goldwaage bestimmt ist!

Als sie ihm schluchzend diese Geschichte erzählt hatte, tröstete der Müller sie auf seine Art.

Das Ergebnis war besagter Kleinwüchsiger, lautmalerisch „Rumpelstilzchen" genannt, weil er begreiflicherweise jedesmal einen Aufstand machte - vor Freude, wenn der Müller ihn besuchen kam, und vor Zorn, wenn er wieder ging. Diese Besuche blieben mit der Zeit ganz aus, und das Kerlchen hörte aus Protest auf zu wachsen. Die Mutter verschwand eines Tages, und es ist anzunehmen, daß sie mit jener Spinnerin identisch ist, die einem Bericht von Ludwig Bechstein zufolge wegen hartnäckigen Verstoßes gegen das Sonntagsarbeitsverbot auf den Mond gebeamt wurde [69].

Nun saß er frierend und hungrig alleine da. Kein Feuer, keine Kohle. Nur Pilze, Wurzeln und Beeren zum Selbersammeln und Rohessen. So hatte er sich irgendwie durchgewurstelt.

Wir können uns jetzt auch denken, wie der Müller zu der absurd anmutenden Offerte an den König kam: sein Sohn konnte Stroh zu Gold spinnen, und er dachte, seine Tochter könne das auch. Dabei hatte Rumpelstilzchen doch diese Fähigkeit von seiner Mutter geerbt!

Der Stimme des Blutes folgend, hatte jener sich immer mal wieder in der Nähe seiner inoffiziellen Restfamilie rumgedrückt und auf diese Art mitbekommen, in welch mißlicher Lage sich seine Schwester befand. Vielleicht hoffte er, daß der Müller sich endlich seiner erinnern möge? Aber der war ja, wie die meisten Märchenväter, nicht da, wenn man ihn brauchte. Mit der Tür ins Haus fallen wollte Rumpelstilzchen halt doch nicht. Sich einfach hinstellen und sagen „Hallo, Papa!", das hatte er nicht gewagt. Man hat ja seinen Stolz, vor allem wenn man derart ästhetisch herausgefordert ist wie Rumpelstilzchen. Deshalb dachte er sich die Sache mit dem Namen aus. Entwe-

---

[69] "Die Spinnerin im Mond", u.a. enthalten in: in Bechstein, Grimm, Hauff: Deutsche Märchen (1954)

der er würde das Kind seiner Schwester bei sich aufnehmen und wenigstens als Onkel eine Verwandtschaftbeziehung leben können, oder, noch besser, falls sein Name rauskäme, würde das den Müller drauflupfen, daß sein Sohn immer noch existiert. Kein Wunder, daß er sich vor Verzweiflung fast zerrissen hätte, als auch diese Rechnung nicht aufging!

Viele Jahre hatte er darunter gelitten, daß der Müller ihn nie anerkannt hatte. Jedenfalls zu Lebzeiten nicht. Nun war er doch noch per Testament anerkannt worden - besser spät als nie!

Was lange währt, wird endlich gut. Der langen Rede kurzer Sinn: Art. 260^3 ZGB ermöglicht die Anerkennung der Vaterschaft durch letztwillige Verfügung. Ein Vater kann sich auch erst postum outen.

Griff in die Mottenkiste

Vor der Kindesrechtsrevision, die am 1.1.1978 in Kraft trat, hieß es in Art. 304 ZGB kurz und herzlos: „Die Anerkennung eines im Ehebruch oder in Blutschande erzeugten Kindes ist ausgeschlossen". Also lieber gar kein Vater als „so einer"?

„Blutschande" bezeichnete im übrigen nicht nur Inzest, sondern alle Verbindungen, für die Ehehindernisse nach Art. 100 aZGB bestanden[70] (s. S. 39). Wer sich also an Schwiegermutter oder -tochter, Tante oder Nichte ranmachte und jene die Pille vergessen hatte, konnte rechtlich dabei nicht Vater werden.

Wenn wir schon beim Kindesrecht Ausgabe Asbach sind, hängen wir noch was dran: Wenn bei einer Vaterschaftsklage nachgewiesen wurde, daß die Mutter einen „unzüchtigen Lebenswandel" führte,

---

[70]Geiser, persönliche Mitteilung. Dankeschön auch für den Text von Art. 304 aZGB!

konnte sich ein eingeklagter Mann aufgrund der „Mehrverkehrsein-
rede" nach Art. 315 aZGB um seine Pflichten drücken. So hatten
auch jene Kinder keinen Vater, deren Mutter nach dem Motto „ein
Mann ist nicht genug!" die Abwechslung schätzte. Sobald mehr als
einer in Frage kam, war´s eben keiner davon.

Heutzutage kann man(n) das natürlich nicht mehr bringen. Da müssen
gegebenenfalls alle Kandidaten zur DNS-Analyse antreten, und ge-
winnen kann nur einer. Ein Kind muß schließlich ´n Vater haben!

Adoption:
Donald Duck und Tick, Trick und Track

Die Hauptbezugsperson von Tick, Trick und Track ist allem Anschein nach ihr Onkel Donald. Was ist eigentlich mit ihren leiblichen Eltern? Wenn sie nicht gestorben sind, dann haben sie sich jedenfalls nie ernsthaft um ihre Kinder gekümmert.

Könnte Donald Duck die Drillinge adoptieren?

Grundsätzlich ja, wenn

- er ihnen mindestens zwei Jahre Pflege und Erziehung erwiesen hat und

- eine Adoption dem Kindeswohl dient (Art. 264 ZGB).

Man kann davon ausgehen, daß diese Bedingungen erfüllt sind. Onkel Donald ist derjenige, der sich um die Neffen kümmert. So wie´s aussieht ist er jedoch unverheiratet. Darf er denn alleine adoptieren?

Er darf.

Art. 264b ZGB sagt, daß eine unverheiratete Person auch alleine adoptieren kann, wenn sie das fünfunddreißigste Altersjahr zurückgelegt hat. Nun, das ließe sich unschwer den Personalien entnehmen, ebenso wie die Prüfung der Voraussetzungen nach Art. 265^1 ZGB: der Altersunterschied zu den Kindern muß mindestens 16 Jahre betragen.

Laut Art. 265a ZGB ist die Zustimmung von Vater und Mutter erforderlich. Wo sich diese aufhalten, das weiß eigentlich kein Mensch. Es ist nicht auszuschließen, daß Tick, Trick und Track Waisen sind. In diesem Falle hilft Art. 265c ZGB weiter: „Von der Zustimmung eines Elternteils kann abgesehen werden,

1. wenn er unbekannt, mit unbekanntem Aufenthalt länger abwesend oder dauernd urteilsunfähig ist,

2. wenn er sich um das Kind nicht ernstlich gekümmert hat."

Welche Rechte und Pflichten ergäben sich, wenn aus Onkel Donald Papa Donald würde? Es würde jedenfalls nicht reichen, den Kleinen ab und zu mal'n Eis zu kaufen oder Ausflüge mit ihnen zu machen. Adoptierte, so Art. 267 ZGB, erhalten die Rechtsstellung von Kindern, mit allem Drum und Dran. Das heißt: Tick, Trick und Track bekommen seinen Familiennamen und Heimatort, er ist - wie alle Eltern! - verpflichtet, sie zu ernähren, zu kleiden und ihnen ein Dach überm Kopf zu geben, sie zu anständigen Menschen zu erziehen, ihnen eine angemessene Ausbildung zu ermöglichen, etc.; Details in den Artikeln 270 - 327 ZGB nachzulesen. Darüberhinaus streckt natürlich das Kindesverhältnis seine Fühler auch in andere Rechtsgebiete, wie etwa Erb-, Steuer-, Obligationen-, Straf- und Sozialversicherungsrecht.

Wenn Onkel Donald die Neffen adoptiert, kann er ihnen bei dieser Gelegenheit neue Namen geben. (Art. 267 [3] ZGB). Aus Tick, Trick und Track können also Kaspar, Melchior und Balthasar werden. Oder Pankratius, Servatius und Bonifazius.

In voller Länge sind die Bestimmungen über die Adoption in den Artikeln 264 - 269c ZGB zu finden. Dort steht auch, daß das bisherige Kindesverhältnis erlischt. Statt zwei leiblicher Eltern hätten die Kinder nur einen (Adoptiv-)Vater.

Sollte sich herausstellen oder zumindest starker Verdacht bestehen, daß Dagobert Duck der Produzent der Drillinge ist, sollte ein solcher Schritt reiflich überlegt werden. Wenn nämlich das Kindesverhältnis einmal durch Adoption begründet ist, kann es nicht einfach durch Anerkennung durch einen anderen Vater beendet werden!

151

Blick über die Grenzen

In **Kenia** ist nach staatlichem Recht eine Adoption nicht möglich, wenn prospektive/r Adoptierende/r einerseits und das Kind andererseits unterschiedlichen Rassen angehören[71].

Das **islamische Recht** verbietet die Adoption, unter Berufung auf den Koran. Dort heißt es in Sure 33: „(4) Allah hat keinem von euch zwei Herzen in seinem Innern gegeben, noch hat Er (...) eure Adoptivsöhne zu euern leiblichen Söhnen (gemacht). Das sind eure Worte in euerm Mund; Allah aber spricht die Wahrheit, und Er leitet euch auf den rechten Weg. (5) Nennt sie nach ihren Vätern; dies ist gerechter vor Allah. Wenn ihr jedoch ihre Väter nicht kennt, so seien sie doch eure Brüder im Glauben und eure Schützlinge"[72]. Übersetzt heißt das etwa: „Wenn Allah gewollt hätte, daß ihr Söhne habt, hättet ihr welche gekriegt. Wenn ihr keine habt, schraubt gefälligst nicht dran rum. Das hindert euch ja nicht, Vaterlose gut zu behandeln!" Wer sagt´s denn - „Islam" hat was mit „Ergebung" (in Allahs Willen) zu tun.

In Ländern, wo der Islam Staatsreligion ist (z.B. Marokko), ist somit die Adoption auch nach staatlichem Recht nicht möglich.

---

[71]Bergmann/Ferid, Kenia (1992)

[72]Der Koran. (1960)

152

Zustimmung zur Adoption:
I want my baby back!
[Rumpelstilzchen 1; Schneewittchen 4]

Nachdem Rumpelstilzchen eine dritte Kammer voll Stroh zu Gold gesponnen hat, hat der gierige König, Dagobert, die Müllerstochter, Louise, geehelicht. Früher oder später kommt´s dann, wie´s kommen muß: der Storch, er tut ans Fenster klopfen, aus ihren Augen Tränen tropfen. Im Unterschied zu Miß Zicki geht sie nämlich davon aus, daß man Verträge halten muß und somit Rumpelstilzchens Forderung nach ihrem ersten Kind in absehbarer Zeit fällig wird. Kaum ist also der Schwangerschaftstest positiv, hat Louise Millerin mal wieder einen Anlaß für ein veritables Weinfest. Sie ist schließlich in einer Mühle aufgewachsen, die war nah am Wasser gebaut, weil sie auch mit Wasserkraft lief.

Zum Glück kommt heute ihre Freundin Schneewittchen zu Besuch. Die beiden hatten sich vor ein paar Jahren bei einem Empfang der Brüder Grimm kennengelernt. Schneewittchen war ja nach ihrer Heirat ziemlich aus dem Leim gegangen und hätte keinen Hund mehr hinterm Ofen hervorgelockt, aber in letzter Zeit hat sie sich ja erstaunlich berappelt. Wie hat sie das bloß gemacht?

Beim freundschaftlichen Kaffee erfährt sie mehr.

Schneewittchen hat nach einer erfolgreichen Psychotherapie Nägel mit Köpfen gemacht. Um die Goldmine, die ihr die Zwerge geschenkt haben, auch vernünftig verwalten zu können, hat sie an einer international angesehenen Schweizer Hochschule ein Studium absolviert. So hat sie sich nicht nur seelisch, sondern auch geistig fit getrimmt. Die Pfunde purzelten schon wegen des Prüfungsstreß´ von selber.

Louise erzählt ihr von dem Deal mit Rumpelstilzchen. „... und jetzt bin ich unfreiwillige Leihmutter! Aber Verträge muß man doch halten."

Schneewittchen widerspricht: „Nicht wenn sie gesetzeswidrig sind oder gegen die guten Sitten verstoßen, schau mal im OR in der Gegend von Art. 20 nach! Du hast dich ja eh nur drauf eingelassen, weil du um Leib und Leben fürchten mußtest, wenn er dir diesmal nicht hilft; deshalb läßt sich das Ganze noch mit Art. 29 und 30 OR auspolstern. Euer Vertrag ist nichtig, n-i-c-h-t-i-g, verstehst du? Dem Wesen nach geht es um eine Adoption, und die ist unter anderem deshalb so sorgfältig geregelt, daß solche Klöpse wie der mit Rapunzel nicht vorkommen. Weißt du noch, wie das lief?"

„War das die mit den langen Haaren? Was hat das mit mir zu tun?"

Schneewittchen frischt ihr Gedächtnis auf: um die schon pathologische Gier der werdenden Mutter nach Rapunzeln zu stillen, hatten sich die Eltern verpflichtet, das Kind sofort nach der Geburt der Inhaberin des Rapunzelgartens heraus-, d.h., zur Adoption freizugeben[73]. Im Austausch gegen Salat, ist mal was anderes als ein Linsengericht. Brecht hat recht - erst kommt das Fressen, dann die Moral.

„Dieser Vertrag ist an sich schon nichtig", erläutert sie weiter. „Für eine Adoption bräuchte es deine Zustimmung (Art. 265a ZGB), frühestens sechs Wochen nach der Geburt. Selbst wenn du´n schwachen Moment hättest, könntest du innerhalb weiterer sechs Wochen sagen „I want my baby back!" und damit deine Zustimmung widerrufen (Art. 265 b ZGB). Weil der Spinner keinen Rechtsgrund hat, dein Kind mitzunehmen, kannste sogar noch Art. 301 ZGB drauflegen, wo´s in Absatz 3 heißt "Das Kind darf ohne Einwilligung der Eltern die häusliche Gemeinschaft nicht verlassen; es darf ihnen auch nicht widerrechtlich entzogen werden." Haste das kapiert?"

---

[73]Siehe auch Advocatus diaboli: <u>Das OR-Dschungelbuch</u> (1999), Kapitel „Mein Bauch gehört mir!"

Louise tupft sich die zerlaufene Wimperntusche ab. „Ist das wahr? Aber weißt du, es ist auch nicht ganz fair, Rumpelstilzchen völlig leer ausgehen zu lassen. Schließlich hat er wertvolle Arbeit geleistet, und ohne ihn wäre ich total aufgeschmissen gewesen!"

Schneewittchen reicht ihr ein frisches Taschentuch rüber und sagt kopfschüttelnd „Du erkennst ein gutes Geschäft wohl nicht mal dann, wenn´s neben dir steht und dich in die Backe zwickt?!"

„Wie meinst´n das?"

„Der Knilch mag Kinder, hat aber wahrscheinlich null Ahnung von Säuglingspflege. Alleine wäre er mit deinem Baby voll überfordert, wenn es Hunger oder die Windeln voll hat. Du dagegen bist sicher mal froh um einen Babysitter. Außerdem wäre es doch schade, dieses tolle Goldspinner-Know-how nicht zu nutzen!" Sie stecken die Köpfe zusammen und hecken einen Plan aus.

Als sich Schneewittchen am Abend verabschiedet, hat sie noch einen Tip: „Geh aus, mein Herz, und suche Freud! Sag ihr einen Gruß von mir und laß dir so schnell wie möglich einen Termin geben!"

Annaliese Freud ist Psychologin und hat verhaltenstherapeutisch echt was drauf. Schließlich hat sie Schneewittchen in Rekordzeit wieder hingekriegt. Den Rest der Schwangerschaft nutzt Louise Millerin denn für eine multimodale Intensivtherapie bei Psycho-Annaliese. Siehe da, sie kommt allmählich in die Gänge!

Natürlich will Rumpelstilzchen zu gegebener Zeit das Neugeborene einpacken und mitnehmen, und natürlich ist sie damit nicht einver-standen. Den Joker mit der Nichtigkeit des Vertrags behält sie vorerst noch im Ärmel, und dann kommt die berühmte Alternative „Wenn du in drei Tagen meinen Namen weißt, kannst du dein Kind behalten!"

Wie ebenfalls bekannt ist, kriegen sie per Lauschangriff seinen

Namen raus.

Als Rumpelstilzchen hochgeht wie das HB-Männchen und sich gerade zerreißen will, packt Louise es am Bein, um es sachte auf den Boden zurückzuholen: "Aber halt, mein Freund, wer wird denn gleich in die Luft gehen! Erstens könntest du dich als Babysitter nützlich machen, und zweitens könnte ich dir einen Job verschaffen. Dagobert will nämlich eine Goldspinnerei aufmachen, und dazu brauchen wir so tüchtige Mitarbeiter wie dich! Wo´s Dörflein traut zu Ende geht, wo´s Mühlenrad am Bach sich dreht, da steht bereits dein neues Haus, mit auf dem Tisch ´nem Blumenstrauß," oder so ähnlich.

Ist doch viel konstruktiver als ihm unter die Nase zu reiben, daß er keinerlei Ansprüche auf ihr Kind hat. Nochmal: der weiland in der nächtlichen Strohkammer geschlossene Vertrag ist nichtig (Art. 20 und 29 OR). Ohne ihre Zustimmung als Mutter läuft gar nichts, siehe Art. 301 und 265a ZGB. Außerdem müßte auch der Kindsvater einverstanden sein.

Ach so, wo der geblieben ist? Man hört so gar nichts von ihm. Wahrscheinlich sitzt er in der Männergruppe und weint sich darüber aus, daß sein Vater sich nie um ihn gekümmert hat.

Blick über die Grenzen

Wie lange dauert eigentlich eine Schwangerschaft?

Blöde Frage!

Seit der Storch die Babys nicht mehr bringt, weiß doch jedes Kind, daß sowas neun Monate geht. Um´s präziser auszudrücken: 40 Wochen. Plus zwei Wochen Zugabe, und wer bis dahin nicht freiwillig rauskommt, wird geholt.

In **Marokko** gehen die geburtshilflichen Rechenscheiben offenbar anders. Im Zusammenhang mit der gesetzlichen Wartezeit bis zur Wiederverheiratung einer geschiedenen oder verwitweten Frau heißt es in Art. 76 CSPS: „Die Schwangerschaftsdauer beträgt höchstens ein Jahr vom Zeitpunkt der Verstoßung oder des Todes an gerechnet." Deutlicher wird´s, wo´s um die Abstammung vom Ehemann geht, in Art. 84 CSPS: „ Die kürzeste Schwangerschaft dauert 6, die längste 12 Monate."[74]

Der ernste Hintergrund ist der, daß in islamischen Rechtsordnungen uneheliche Kinder dermaßen nichtexistent sind, daß sie nicht einmal das Recht auf einen Namen haben. Allfällige Folgen eines untauglichen Versöhnungsversuches werden mit dieser rechtlichen Verlängerung der Schwangerschaftsdauer besser geschützt.

---

[74]Bergmann/Ferid, Marokko (1997), p. 32 und 33

Vorname des Kindes:

A Boy Named Sue, Wiesengrund und Winnetou

Ein Name kann sowohl zum Schmucke als auch zur Schande gereichen. Von wegen „Schall und Rauch"! Im arabischen Raum mit all den selbsterklärenden Namen muß es doch ein tolles Feeling sein, wenn man mit „Liebling" (Habib/a; حبيب / حبيبة) oder „Erhabener" (Sami; سامى) angesprochen wird, oder als „Malik/a" (ملك/ملكة) von der Wiege bis zur Bahre „König/in" ist! Wer „Hassan" (حسن) heißt, darf aussehen wie Frankenstein und sich benehmen wie Jack the Ripper - er wird dennoch immer „schön" und „gut" sein. Wie es sich wohl für Eltern anfühlt, wenn sie sagen: „Oh Mächtige/Angesehene (Aziza; عزيزة), wasch dir gefälligst die Dreckpfoten, bevor du dich zum Essen hinsetzt!"? Oder für Lehrer, die feststellen, daß die Schulleistungen eines „Vollkommenen" (Kamal; كمال) unter aller Kanone sind? Ein edler Name bleibt, egal was passiert! Man kann natürlich auch Pech haben und „Walid" (وليد) genannt werden; da ist man in Sachen Kompensation ganz anders gefordert, weil man ständig beweisen muß, daß man kein Baby mehr ist, sondern nur so heißt.

Das mit den selbsterklärenden Namen muß es in grauer Vorzeit auch in unseren Breiten gegeben haben. Lohengrins Oma, Parzivals Mutter also, hieß bekanntlich „Herzeloyde". Kein Wunder, daß sie und ihre Nachkommen einen Knacks haben. Ein solcher Name mit einem solchen Programm ist ja schon glatte Kindesmißhandlung!

Betrachten wir ein moderneres Beispiel dafür, was ein Name so alles anrichten kann.

Wer Johnny Cash kennt, kommt an der Ballade von „A Boy Named Sue" nicht vorbei, einem Klassiker aus der Feder von Shel Silverstein[75]:

> „My daddy left home when I was three,
> And he didn't leave much to Ma and me,
> Just this old guitar and an empty bottle of booze.
> Now, I don't blame him cause he run and hid,
> But the meanest thing that he ever did
> Was before he left, he went and named me 'Sue'.
>
> Well, he must o' thought that is was quite a joke,
> And it got a lot of laughs from a' lots of folk.
> It seems I had to fight my whole life through.
> Some gal would giggle and I'd get red,
> And some guy'd laugh and I'd bust his head.
> I tell ya, life ain't easy for a boy named 'Sue'.
>
> Well, I grew up quick and I grew up mean,
> My fist got hard and my wits got keen.
> I'd roam from town to town to hide my shame.
> But I made me a vow to the moon and stars
> That I'd search the honky-tonks and bars,
> And kill that man that give me that awful name.
>
> Well, it was Gatlinburg in mid-July
> And I just hit town, and my throat was dry.
> I thought I'd stop and have myself a brew.
> At an old saloon on a street of mud,
> There at a table, dealing stud,
> Sat the dirty, mangy dog that named me 'Sue'.
>
> Well, I knew that snake was my own sweet dad
> From a worn-out picture that my mother'd had,
> And I knew that scar on his cheek and his evil eye.
> He was big and bent and gray and old,
> And I looked at him and my blood ran cold,

---

[75]Text u.a. zu finden im Internet unter
http://www.geocities.com/Nashville/Opry/4743/A/a_boy_named_sue.html

And I said: "My name is 'Sue!' How do you do! Now you gonna die!"

Well, I hit him hard right between the eyes,
And he went down, but, to my surprise,
He come up with a knife and cut off a piece of my ear.
But I busted a chair right across his teeth
And we crashed through the wall and into the street
Kicking and a' gouging in the mud and the blood and the beer.

I tell ya, I've fought tougher men,
But I really can't remember when,
He kicked like a mule and he bit like a crocodile.
I heard him laugh and then I heard him cuss,
He went for his gun and I pulled mine first,
He stood there lookin' at me and I saw him smile.

And he said: "Son, this world is rough,
And if a man's gonna make it, he's gotta be tough,
And I know I wouldn't be there to help ya along.
So I give ya that name and I said good-bye.
I knew you'd have to get tough or die,
And it's that name that helped to make you strong."

He said: "Now you just fought one hell of a fight,
And I know you hate me, and you got the right
To kill me now, and I wouldn't blame you if you do.
But ya ought to thank me, before I die,
For the gravel in ya guts and the spit in ya eye
Cause I'm the son-of-a-bitch that named you 'Sue'."

I got all choked up and I threw down my gun
And I called him my pa, and he called me his son,
And I come away with a different point of view.
And I think about him, now and then,
Every time I try and every time I win,
And if I ever have a son, I think I'm gonna name him
Bill or George! Anything but Sue! I still hate that name!"

Die Eltern geben ihrem Kind den Vornamen, das ist als eine der Wir-

kungen des Kindesverhältnisses ihr gutes Recht nach Art. 301[4] ZGB. Zum Glück für die direkt und lebenslänglich Betroffenen können allzu übermütige Eltern zurückgepfiffen werden, wenn sie mit der Namenswahl ihre Sprößlinge deren Wohl gefährden. In Art. 69[2 bis] ZstV heißt es: „Der Zivilstandsbeamte oder die Zivilstandsbeamtin weist die mitgeteilten Vornamen zurück, wenn sie die Interessen des Kindes offensichtlich verletzen".

Aus dem Vornamen muß beispielsweise das **Geschlecht** eindeutig hervorgehen[76]. Wo dies nicht der Fall ist - etwa bei Andrea oder Dominique - muß ein zweiter Vorname beigefügt werden, der Klarheit bringt. A boy named Sue wäre somit in der Schweiz nicht möglich (in den USA schon). Nachvollziehbar, daß man nicht einfach zusehen darf, wie so ein Vater vorsätzlich die Alternative kreiert „I knew you had to get tough or die", wobei er letzteres billigend in Kauf nimmt! (Auf die nebenbei erwähnte grobe Vernachlässigung der Erziehungs- und Unterhaltspflicht sei an dieser Stelle nicht eingegangen).

„Sue" - ein Name oder ein Imperativ? To sue or not to sue, that is the question - bei der es meist um Millionenbeträge geht. So sie denn verfügbar sind. Wenn a boy named Sue would sue in Switzerland und es dabei lediglich um die Änderung des Vornamens ginge, hätte er gute Chancen.

Für **Kosenamen** müssen meist allerhand Kleintiere herhalten, Mäuse, Hasen, typischerweise zudem im Diminutiv. Sie haben den Vorteil, daß man sich ihrer jederzeit wieder entledigen kann, alldieweil sie nur mündlich oder höchstens im privaten Schriftverkehr verwendet, aber nicht aktenkundig werden. Das ist ganz praktisch, denn oft werden die Tiere - zumindest unter Erwachsenen - im Lauf der Zeit immer größer. So können aus netten kleinen Feld-Wald-und-Wiesen-

---

[76]BGE 109 II 95

Pelztieren großformatige Bauernhof- und Zooinsassen werden.

Eltern mögen es ja noch witzig finden, ihr Neugeborenes „Winnetou" oder „Pumuckl" zu nennen, sollten dies aber bittschön auf Kosenamenbasis tun. Selbstverwirklichungsstreben oder das Bedürfnis, als besonders originell aufzufallen kann anderswo ausgetobt werden - bei der Vornamensgebung ist das Kindeswohl wichtiger, da gehen die Persönlichkeitsrechte des Kindes jenen der Eltern vor. Leute, die ihr Kind unbedingt „Wiesengrund" nennen wollten (nach Theodor Wiesengrund Adorno), gingen bis zum Bundesgericht und blitzten aus ebendiesem Grund ab[77]. Ebenso jene, die den Mädchennamen der Mutter (Schmucki) unbedingt als zweiten Vornamen für ihren Sprößling durchsetzen wollten[78].

In der Schweiz könnte also nur ein Martin König sagen: „Ich habe einen Traum". Ob das die selbe Unsterblichkeit erlangen würde wie wenn ein Martin Luther King eine Rede eröffnet mit „I have a dream"?

Blick über die Grenzen

In den Niederlanden sind es auch die Eltern, die ihrem Kind den Vornamen geben. Für den Fall, daß denen nichts oder nur Blödsinn einfällt - pardon: nur Namen die im Interesse des Kindeswohls zurückgewiesen werden müssen, springt der Standesbeamte ein und verpaßt dem neuen Klein-Staatsbürger einen Namen. In der Akte muß ausdrücklich vermerkt werden, daß der/die Vorname/n von Amtes wegen gegeben wurde/n (Art 4, Abs, 3 BW).

---

[77]BGE 107 II 26

[78]BGE 118 II 243

Kosenamen...

...und ihre wundersamen Metamorphosen

Wirkungen des Kindesverhältnisses:
Unterhaltung und Unterhalt

Die Herstellung von Kindern ist ja ausgesprochen kostengünstig. Es sind Unterhalt und Wartung, die ganz schön aufwendig werden, und das ohne Garantie oder Rückgaberecht! Die Herzchen sind eben nicht nur süß und kuschelig, sondern kosten auch Nerven und Nachtschlaf. Wer putzt ihnen Popo und Nase, geht mit ihnen zum Arzt und früher von Festen nach Hause als der kinderlose Rest, übt mit ihnen den aufrechten Gang, das Essen mit Messer und Gabel und das Einmaleins? Wer finanziert Windeln, Klamotten, Schulbücher und was es sonst noch so alles braucht?

Richtig, die Eltern.

Und zwar beide! Vor, während und - was oft vergessen wird - auch nach einer Scheidung. Selbst wenn die Eltern nicht oder nicht mehr miteinander verheiratet sind, so gilt doch das Kindesverhältnis zu Vater und Mutter bis daß der Tod es scheidet.(Ausnahme: Erlöschen des Kindesverhältnisses bei anderweitiger Adoption, doch bleiben nach wie vor die Ehehindernisse der Verwandtschaft bestehen).

Wie das Kindesverhältnis entsteht, haben wir in den vorangegangenen Kapiteln beleuchtet. Wir wissen, daß sich eine Vaterschaftsklage auch gegen eine Frau richten kann (z.B. die Mutter des mutmaßlichen Vaters, die daraufhin untersucht werden kann, ob sie genetisch als Oma in Frage kommt, s. S. 143), und wir wissen auch, wie durch Adoption selbst die Jungfrau zum Kinde kommt.

Was sind nun die Wirkungen des Kindesverhältnisses?

Eine Blitzumfrage in der Fußgängerzone würde wahrscheinlich Antworten liefern, in denen von „zahlen" oder „erziehen" die Rede wäre, ohne nähere Angaben. Vielleicht noch so herrlich aufschlußreiche Pauschalaussagen wie: „Das weiß man doch!". Wieviel weiß man wirklich? Sowohl Märchen als auch Realität lassen erhebliche Bedenken aufkommen! Und was würden erst all die Strafverteidiger machen, wenn alle Eltern wüßten, was sich gehört und danach handeln würden! Da auf gesunden Menschenverstand kein Verlaß mehr ist, brauchts im Zweifelsfall Gesetze als Bezugsrahmen und Leitplanken.

Schulbesuch etwa ist glücklicherweise weder der Freiwilligkeit der Eltern noch jener der Kinder anheimgestellt. Ein Kollege vertritt die Ansicht, daß es sowas wie ein Menschenrecht auf Dummheit gibt; ich hab allerdings den Eindruck, daß es Leute gibt, die dies schamlos ausnutzen. Wie wäre das erst ohne Schulbesuch?!

Schwieriger wird´s bei den Rechten und Pflichten, die aus der Wirkung des Kindesverhältnisses erwachsen. Bei Scheidungen pflegen die Eltern auf ihre Rechte zu pochen und entlehnen dazu gerne aus unserem nördlichen Nachbarland den Terminus „Sorgerecht" (der analoge Ausdruck im schweizerischen Recht ist „elterliche Sorge"). Deshalb muß mal gesagt werden, daß es da in erster Linie um Rechte der Kinder und um Pflichten der Eltern geht, zumindest so lange die Kinder klein und von ihnen abhängig sind. Das Verhältnis kann sich dann allerdings umkehren, wenn Eltern bedürftig werden (s. S. 172, 178).

Die Wirkungen des Kindesverhältnisses sind den Artikeln 270 bis 327 des ZGB zu entnehmen. Ganz schön viele also! Picken wir daher nur mal die wichtigsten Rosinen raus. (Ein paar weitere Bestimmungen wurden bereits in vorangegangene sachverwandte Kapitel eingemischt).

Art.272 ZGB lautet: „Eltern und Kinder sind einander allen Beistand, alle Rücksicht und Achtung schuldig, die das Wohl der Gemeinschaft erfordert."

Klingt das nicht gut? Und doch sind Verstöße dagegen (nicht nur) für Märcheneltern nur allzu typisch.

In Art. 273 ZGB ist die Rede vom Recht auf „angemessenen persönlichen Verkehr" zwischen Kind(ern) und Eltern(teilen), denen die Obhut nicht zusteht.

> Daß Begriffe wie „elterliche *Gewalt*" und „Recht auf persönlichen *Verkehr*" von gewissen Eltern schon gründlich mißverstanden worden sind, ist nicht Ausdruck meiner schmutzigen Phantasie, sondern für die betroffenen Kinder traurige Wahrheit. Wenigstens ist seit 1.1.2000 „Gewalt" durch „Sorge" ersetzt worden, aber die andere Formulierung bleibt.

Im Klartext: Eltern und Kinder sollten Kontakt zueinander pflegen, unabhängig von Zivilstand und Wohnverhältnissen der Eltern. Egal, ob´s allen Beteiligten gerade paßt oder nicht. Zur Schule muß man ja auch, egal ob´s gerade paßt oder nicht!

Nächster Halt bei Art.274 [1] ZGB: **„Der Vater und die Mutter haben alles zu unterlassen, was das Verhältnis des Kindes zum anderen Elternteil beeinträchtigt oder die Aufgabe des Erziehers erschwert."** Falls Aschenputtels Vater ihr immer wieder vorjammert, wie viel besser die verstorbene Frau/ihre selige Mutter doch war als die aktuelle zweite Wahl, dann ist er nicht unschuldig daran, daß die beiden einander nicht riechen können. Wer kann´s schon mit Abwesenden aufnehmen, die nicht mal mehr unter Beweis stellen müssen, daß sie wirklich so untadelig sind wie sie gerne hingestellt werden!? Dann sind´s nämlich gar nicht die bösen Märchenstiefmütter, sondern die ignoranten Väter, die den ganzen Trabbel für Cinderella, Schneewittchen, Goldmarie und Pechmarie, etc. losgetreten haben! Heutzutage müßte man den Art.274[1] ZGB allen Eltern während und nach Scheidungen besonders groß und leserlich hinter die Ohren schreiben. Hübsch eingerahmt an exponierter Stelle würde er sich übrigens auch in einigen Anwaltspraxen sehr gut ausnehmen.

Gehen wir weiter zu Art. 276 ZGB, der Unterhaltspflicht:

„[1] Die Eltern haben für den Unterhalt des Kindes aufzukommen, inbegriffen die Kosten von Erziehung, Ausbildung und Kindesschutzmassnahmen.

[2] Der Unterhalt wird durch Pflege und Erziehung oder, wenn das Kind nicht unter der Obhut der Eltern steht, durch Geldzahlung geleistet.

[3] Die Eltern sind von der Unterhaltspflicht in dem Mass befreit, als dem Kinde zugemutet werden kann, den Unterhalt aus seinem Arbeitserwerb oder andern Mitteln zu bestreiten."

Prototyp hierfür sind Hänsel und Gretel, deren Eltern ihnen nichtmal ein solides Wurstbrot oder andere zum Verzehr geeignete Lebensmittel zur Verfügung zu stellen gewillt sind. Wo doch jeder weiß, daß Essen und Trinken Leib und Seele zusammenhalten! Wenn´s nicht mal dafür reicht, liegt doch erst recht kein Schulfüller, geschweige denn Rechen- oder Lesebuch drin. Unverschuldete Armut muß man den Eltern ja nicht noch vorwerfen, aber sie sollten wenigstens im Interesse der Kinder Sozialhilfeleistungen beantragen.

Nachdem die Kinder zu einer materiellen Basis für ihre angemessene körperliche und geistige Entwicklung gekommen sind[79], können sie allerdings nicht mehr ohne weiteres Unterhaltsleistungen finanzieller Art beanspruchen. „Hotel Mama" soll für Kinder mit Einkommen nicht gratis sein.

Bei Art.301 ZGB begnügen wir uns mit den ersten beiden Absätzen:

„[1] Die Eltern leiten im Blick auf das Wohl des Kindes seine Pflege und Erziehung und treffen unter Vorbehalt seiner eigenen Handlungsfähigkeit die nötigen Entscheidungen.

[2] Das Kind schuldet den Eltern Gehorsam; die Eltern gewähren dem

---

[79] s. Advocatus diaboli: <u>Das OR-Dschungelbuch</u> (1999)

Kind die seiner Reife entsprechende Freiheit der Lebensgestaltung und nehmen in wichtigen Angelegenheiten, soweit tunlich, auf seine Meinung Rücksicht."

Daß Rotkäppchen mal nach der kranken Großmutter schauen und ihr einen Proviantkorb mitbringen soll, ist ein erzieherisch äußerst wert- und sinnvoller Auftrag der Mutter. Von Alter, Körperkraft und Urteilsfähigkeit her scheint sie durchaus in der Lage, diesen Auftrag auszuführen - allerdings mit der Auflage, auf dem rechten Weg zu bleiben. Wohin ihr Ungehorsam hinsichtlich dieser Auflage führt, ist bei den Brüdern Grimm nachzulesen. Was das Märchen natürlich mal wieder verschweigt, sind die enormen Kosten für die Prozeßlawine, welche von diversen Tierschutzorganisationen wegen der grausamen Tötung des Wolfs ins Rollen gebracht wurde. Da Rotkäppchen beim Steinesammeln und Bauchzunähen nachweislich beteiligt war, richteten sich zivilrechtliche Forderungen auch an sie. Weil das Görl aber noch minderjährig war, mußten die Eltern den Kopf bzw. das Portemonnaie dafür hinhalten[80].

Ach, es gäbe noch so vieles mehr! Der geneigten Leserschaft sei die Lektüre der einschlägigen Gesetzetexte empfohlen.

Nun aber noch ein besonders trauriges Kapitel:

Was ist eigentlich mit den Kindern der schönen Lau?

Wir haben gehört, daß die schöne Lau vor ihrer erfolgreichen Behandlung immer nur tote Kinder bekam (s. S. 84) Wenn es nun einmal wieder soweit war und nach überstandener Geburt der erste und sämtliche darauffolgenden Schreie des Babys ausblieben? Sie hatte sich doch schon so aufs Muttersein eingestellt, gespürt wie das

---

[80] Mehr zum Thema „Familienhauptshaftung" in Advocatus diaboli: Das OR-Dschungelbuch (1999)

Kleine wuchs, zappelte und ihr gelegentlich in die Rippen trat, und sie hatte schon einen Vornamen ausgesucht. Durfte sie denn jeweils dem toten Kind wenigstens einen Namen geben?

Die Antwort steht nicht im ZGB, sondern in der Zivilstandsverordnung. Alles, was nach mindestens sechs Monaten den Mutterleib verläßt, wird im Geburtsregister eingetragen, nicht nur Lebend- sondern auch Fehl- bzw. Totgeburten (Art. 59 ZstV). Art. 67[1] Ziff. 3a ZstV ermöglicht den Eltern, auch einem toten Kind einen Vornamen zu geben, wenn sie dies möchten.

Blick über die Grenzen

In gewissen arabischen Ländern, vor allem des Nahen Ostens, ist es üblich, mit der Geburt des ersten Sohnes den Vornamen zu ändern. Wenn Achmed und Fatima einen Sohn bekommen, den sie, sagen wir mal, Amir nennen (أمير; „Prinz"), so nennt sie sich fortan nicht mehr Fatima, sondern „Umm Amir" (أم أمير, Mutter von Amir), und aus Achmed wird „Ab Amir" (أب أمير, Vater von Amir).

Innerhalb der Familie ist es nicht sehr üblich, einander mit Namen anzusprechen. Wo wir einfach nur undifferenziert von „Tante Erna" reden, wird dort spezifiziert, in welchen Verwandtschaftsverhältnis man zu dieser Dame steht. Konkret heißt das dann „Schwester meiner Mutter" (خالة), „Schwester meines Vaters"(عمة), „Ehefrau des Bruders meiner Mutter" (زوجة خالي) oder „Ehefrau des Bruders meines Vaters" (زوجة عمي). Da weiß man doch wenigstens, wen man vor sich hat!

In **Jordanien** sind Familiennamen nicht gebräuchlich. An deren Stelle werden Patronyme mehrerer Generationen verwendet. Nicht nur der Vorname des Vaters also, sondern auch jeweils jener von Groß- und Urgroßvater Beispiel: bleiben wir bei Achmed, dessen Vater Ali heißt, und dessen Vater wiederum Omar. Dann heißt der Kleine „Amir Achmed Ali Omar". Auch Mädchen erhalten zum eigenen - geschlechtsspezifischen - Vornamen die Vornamen vom Vater sowie dessen Vater und Großvater. Eine Schwester von Amir würde dann etwa „Samira Achmed Ali Omar" heißen.

Lean on me

- Verwandte und Behörden -

Verwandtenunterstützung, alt und neu:
So recht von Herzen hundsgemein...

... können nur Verwandte sein. Betrachten wir hierzu als Beispiel die Sage von der Kastelen-Alp[81]:

Auf der Kastelen-Alp wohnte ein reicher Bauer, der hatte Felder, Wiesen und Wälder, viele Rindviecher, und von Subventionen reden wir erst gar nicht. Er stand also gut im Futter, was man an sich ja niemandem zum Vorwurf machen sollte.

Jetzt war da aber noch seine Schwester, die mit ihrer Tochter in Kriens lebte. Den beiden gings so richtig schlecht, die Alleinerziehende war invalide und wußte wohl auch nicht, wo das Sozialamt ist. Deshalb beschloß das Mädchen, mal beim reichen Onkel anzuklopfen und um Unterstützung zu bitten.

Man kann sich´s denken, wie´s rauskam. Geld verdirbt nun mal den Charakter! Der böse Onkel tat null und nix raus und stellte seiner Besucherin nichtmal was zu essen hin. Obendrein machte er sie noch schräg an und schickte sie fort, obwohl sich gerade ein Gewitter zusammenbraute.

Als sie schon auf dem Rückweg war, brach das Wetter so richtig los, und sie konnte sich mit Ach und Krach in eine Hütte retten. Der zugehörige Senn war wenigstens nett und drückte ihr als Marschverpflegung einen kleinen Alpkäse in die Hand, als Blitz und Donner nachgelassen hatten und sie sich wieder auf den Weg machte.

Dummerweise rollte ihr die milde Gabe davon, als sie unterwegs ausrutschte und hinfiel. Doch auch da hatte sie Glück: eins der grau-

---

[81] in: Bechstein, Grimm, Hauff: <u>Deutsche Märchen</u> (1954)

en „Herdmanndli", ein lokaler Zwerg also, brachte ihr den Käse zurück und schenkte ihr auch noch ein Büschel Kräuter, für Tee, auf daß Muttchen wieder gesund werde.

Als das Mädchen zu Hause ankam, siehe da, war der Käse zu Gold geworden. Der Tee machte 's müde Mami munter, sie konnten sich ihr täglich Brot nun wieder leisten, und die Welt war wieder mehr oder weniger in Ordnung.

Reicht das?

Nein. Der innere Schweinehund der geneigten Leserschaft darf sich die Hände reiben, denn in der Sage kriegte der schäbige Bruder noch eins aufs Dach. Ihm hatte das Unwetter sämtliche Matten verwüstet, das Vieh war nicht lebend davongekommen, das Haus zusammengekracht, und ein Stein, der aussah wie ein Alpkäse, hatte ihm den Fuß zertrümmert. Kurz darauf war er es, der am Stock ging und arm war wie ne Kirchenmaus.

Geht's auch anders?

Was hat es mit dem hübschen Wort „Verwandtenunterstützungspflicht" auf sich?

Bis zum 31.12.1999 lautete Art. 328 aZGB:

„[1]Verwandte in auf- und absteigender Linie und Geschwister sind gegenseitig verpflichtet, einander zu unterstützen, sobald sie ohne diesen Beistand in Not geraten würden.

[2]Geschwister können aber nur dann zur Unterstützung herangezogen werden, wenn sie sich in günstigen Verhältnissen befinden.

[3]Die Unterhaltpflicht der Eltern und des Ehegatten bleibt vorbehalten".

Bis dahin wäre also der reiche Bruder verpflichtet gewesen, seine unter der Armutsgrenze dahinvegetierende Schwester zu unterstützen.

Seit dem 1.1.2000 hat sich die Situation jedoch geändert. Nach einer Abmagerungskur lautet Art. 328 nZGB jetzt:

„[1]Wer in günstigen Verhältnissen lebt, ist verpflichtet, Verwandte in auf- und absteigender Linie zu unterstützen, die ohne diesen Beistand in Not geraten würden.

[2]Die Unterhaltspflicht der Eltern und des Ehegatten bleibt vorbehalten".

Geschwister sind neu also der Verwandtenunterstützungspflicht enthoben.

Die notleidende Krienserin hätte folglich nur einen Anspruch, wenn der Pfeffersack ihr Vater oder ihr Sohn wäre.

Wie müßte sie dann vorgehen?

Dazu Art. 329 ZGB:

„[1]Der Anspruch auf Unterstützung ist gegen die Pflichtigen in der Reihenfolge ihrer Erbberechtigung geltend zu machen und geht auf die Leistung, die zum Lebensunterhalt des Bedürftigen erforderlich und den Verhältnissen des Pflichtigen angemessen ist.

[2]Erscheint die Heranziehung eines Pflichtigen wegen besonderer Umstände als unbillig, so kann das Gericht die Unterstützungspflicht ermäßigen oder aufheben.

[3]Die Bestimmungen über die Unterhaltsklage des Kindes und über den Übergang seines Unterhaltsanspruches auf das Gemeinwesen finden entsprechende Anwendung."

Gehen wir davon aus, es ist ihr Sohn, dem gegenüber sie sich immer korrekt verhalten hat. Dann kann sie ihren Unterstützungsanspruch mittels der **Unterhaltsklage** geltend machen (obwohl Unterstützung viel weniger weit geht als Unterhalt und nicht damit zu verwechseln ist!). Dazu müssen wir zu Art. 279 ZGB spazieren, wobei für unsere Zwecke Absatz 2 vollkommen ausreicht: „Zuständig ist das Gericht am Wohnsitz des Klägers oder des Beklagten".

Huch, klingt das kompliziert!

Ist aber alles halb so wild.

Wenn sie sich zum Sozialamt schleppt und daselbst ihr Herz ausschüttet, wird sie ein beruhigendes „Du bist nicht allein!" hören. Die netten Onkels oder Tanten dort werden ihr erstmal einen Vorschuß hinblättern und ihrerseits schon dafür sorgen, daß sie ihr Geld von dem verlorenen Sohn zurückbekommen.

Blick über die Grenzen

Im **Senegal** gibt es eine gegenseitige gesetzliche „Verpflichtung zur Ernährung" nicht nur zwischen Verwandten in gerader Linie und Voll- sowie Halbgeschwistern, sondern auch zwischen Verschwägerten. Letztere betrifft allerding nur die Kinder des Ehepartners und endet bei Scheidung oder beim Tod des Ehepartners, der das Verschwägerungsverhältnis vermittelt. Die Verpflichtung beschränkt sich tatsächlich auf die Ernährung, und sie kann wahlweise mit Geld oder in natura erfüllt werden.[82]

---

[82]Bergmann/Ferid, Senegal (1991), p. 49

175

Beistandschaft:

Hänsel, Gretel und der Schatz

Robin und Hood, die unerschrockenen Kämpfer für Wahrheit und Gerechtigkeit, haben Hänsel und Gretel erfolgreich rausgehauen, nicht nur straf-, sondern vor allem zivilrechtlich. Die Kinder werden fürs Hexebacken nicht bestraft, und sie dürfen den von der Hexe zurückgelassenen Schatz behalten.[83]

Wie bei mißhandelten Kindern üblich, haben Hänsel und Gretel eine starke Bindung zu den mißhandelnden Eltern und kehren zu diesen zurück.

Robin und Hood nehmen's jedoch genau und behalten ihre Mandanten im Auge. Sie sorgen dafür, daß sich die Vormundschaftsbehörde endlich um die desolaten Familienverhältnisse kümmert. Abgesehen davon, daß die Eltern Hans und Grete ihren elterlichen Pflichten gemäß Art. 301 und 302 ZGB nicht nachkommen, muß man auf jeden Fall ein Auge draufhaben, daß das nunmehr vorhandene beträchtliche Kindesvermögen nicht einfach verpulvert wird. Wär ja noch schöner, wenn trotz des Schatzes zu gegebener Zeit nicht mal mehr eine vernünftige Ausbildung drinläge!

Um die Situation auszuloten, müssen wir einen Spagat machen. Das Standbein im Kindesrecht, das Spielbein reicht ins Vormundschafts-recht, wo nämlich in Art. 360 und 361 ZGB die vormundschaftlichen Organe und Behörden benannt werden.

Eins nach dem anderen.

---

[83] Details nachzulesen in: Das OR-Dschungelbuch (1999), Kapitel „Hänsel, Gretel und die gebackene Hexe"

Von Eltern, die ihre Kinder im Wald aussetzen, kann nicht ohne weiteres angenommen werden, daß ihnen angemessene liebevolle Brutpflege am Herzen liegt! Wie kann das Kindeswohl gewahrt werden? Dazu Art. 307 ZGB:

„[1]Ist das Wohl des Kindes gefährdet und sorgen die Eltern nicht von sich aus für Abhilfe oder sind sie dazu außerstande, so trifft die Vormundschaftsbehörde die geeigneten Maßnahmen zum Schutz des Kindes.

[2]Die Vormundschaftsbehörde ist dazu auch gegenüber Kindern verpflichtet, die bei Pflegeeltern untergebracht sind oder sonst außerhalb der häuslichen Gemeinschaft der Eltern leben.

[3]Sie kann insbesondere die Eltern, die Pflegeeltern oder das Kind ermahnen, ihnen bestimmte Weisungen für die Pflege, Erziehung oder Ausbildung erteilen und eine geeignete Person oder Stelle bestimmen, der Einblick und Auskunft zu geben ist."

Na, ob das mit Ermahnungen und Weisungen tatsächlich ausreicht?!

Da man bezüglich vormundschaftlicher Maßnahmen nicht gleich mit Kanonen auf Spatzen schießt, geht´s nach dem Grundsatz: „So milde wie möglich, so hart wie nötig". Sonst wär´s ja doch für die Katz.

Für Hänsel und Gretel muß schon ein Beistand her! Das wäre die nächste Stufe.

Gemäß Art. 308 ZGB ernennt die Vormundschaftbehörde eine Beiständin, Thusnelda Gutmensch, die die Eltern „mit Rat und Tat unterstützt"- und deren elterliche Sorge[84] in gewisser Weise beschränkt.

Die Eltern haben nämlich, so lange ihnen die elterliche Sorge zu-

---

[84] bis 31.12.1999 hieß es noch „elterliche Gewalt"

steht, „das Recht und die Pflicht, das Kindesvermögen zu verwalten", wobei die Vormundschaftbehörde „eine periodische Rechnungsstellung und Berichterstattung" anordnen kann (Art. 318 ZGB). Ob sie dazu die erforderliche aufrechte elterliche Gesinnung und moralische Integrität besitzen, ist allerdings höchst unsicher. Deshalb bekommt Frau Gutmensch entsprechend den Artikeln 324 und 325 ZGB noch den Job, das Kindesvermögen zu verwalten.

Darf dieses genutzt werden, und wofür? Muß die ganze Familie Wurst-Brot bis zur Mündigkeit der Kinder darben, während der Schatz im Safe liegt und Staub ansetzt? Oder müssen die Eltern, Hans und Grete, weiterhin am Hungertuche nagen, während die Kinder Hänsel und Gretel in Champagner baden?

Dazu Art. 319 ZGB:

„[1]Die Eltern dürfen die Erträge des Kindesvermögens für Unterhalt, Erziehung und Ausbildung des Kindes und, soweit es der Billigkeit entspricht, auch für die Bedürfnisse des Haushaltes verwenden.

[2]Ein Überschuß fällt ins Kindesvermögen."

Notabene: nur die **Erträge** dürfen angegriffen werden, nicht aber der Stamm des Vermögens! Der Schatz müßte also ganz oder teilweise verkauft und vom Erlös etwa ein Mietshaus oder zinsbringende Wertpapiere erworben werden. Nur die Mieteinnahmen oder Zinsen dürften verbraucht werden.

Falls Hans und Grete bei bestem Willen kein Arbeitseinkommen erzielen können, greift zudem Art. 328 ZGB, die Verwandtenunterstützungspflicht. Von der hatten wir's schon.

Da Hexenschätze heutzutage eher selten sind, gilt Analoges natürlich auch für andere Formen von Kindesvermögen, etwa Erbschaften, Vermächtnisse oder Schenkungen.

Blick über die Grenzen

Im Senegal wird die elterliche Sorge **obligatorisch** aberkannt, wenn der betreffende Elternteil

- die eigenen Kinder „zur Unzucht verleitet"

- zweimal verurteilt wurde wegen „Verleitung Minderjähriger zur Unzucht"

- wegen eines Verbrechens oder Vergehens am eigenen Kind zu mehr als fünf Jahren Gefängnis verurteilt wurde

- zweimal wegen eines Vergehens am eigenen Kind verurteilt wurde.

Darüberhinaus kann die elterliche Sorge auch für zukünftige Kinder aberkannt werden[85].

---

[85]Bergmann/Ferid, Senegal (1991), p. 54

Oh give me a home!

Findelkind Quasimodo

Die einen gehen meilenweit für eine Camel Filter - Quasimodo, der Glöckner von Notre-Dame, tut alles und noch mehr für ein paar Tropfen Wasser und ein bißchen Mitgefühl... Kümmern wir uns also ein bißchen um ihn!

Die beiden Filmklassiker weichen ohnehin auf je eigene Art von Victor Hugos Romanoriginal ab, und wer wegen der Rechtszuständigkeit zu meckern anhebt, sei auf die Aufführung „Der Glöckner"[86] vor dem Berner Münster im Sommer 1999 verwiesen. Nicht nur, daß das Spektakel in der Hauptstadt zu sehen war - es wurde sogar in Eingeborenensprache dargeboten. Wenn da mal nicht ganz klar Schweizer Recht anzuwenden ist!

Das, worauf es uns hier ankommt, ist zwar nicht deutlich dargestellt, geht aber aus dem Sachverhalt hervor:

Eines Sonntags, des ersten nach Ostern, findet Don Frollo vor seiner Kirche ein Körbchen, dessen Inhalt nicht nur Hand und Fuß hat, sondern auch noch kräftig schreit. Ein Baby männlichen Geschlechtes. Ohne Namen, Adresse oder sonstige Hinweise auf Identität und Herkunft.

Ein Findelkind.

Seine Erzeuger können nicht ausfindig gemacht werden, und so nimmt sich Don Frollo seiner an. Er gibt ihm einen Namen: Quasimodo, nach

---

[86] „Der Glöckner", ein Schauspiel von Markus Keller, in Anlehnung an den Roman von Victor Hugo. Inszenierung: Ueli Bichsel. Berner Freilichttheater. Für die, denen ein Teil der Vorstellung buchstäblich ins (Regen-)Wasser fiel, gab's ein Videoband, erschienen 1999 bei hamatv/SWISSIMAGE, A99HZG

dem Fundtag. „Quasi modo geniti", „wie neugeborene Kinder", so heißt der erste Sonntag nach Ostern.

Don Frollo erzieht ihn, und als wir ihm im Erwachsenenalter begegnen, müssen wir feststellen, daß er zwar ästhetisch nicht so ganz zu befriedigen vermag, aber ziemlich hell auf der Platte ist und ein goldenes Herz hat. Schade, daß ihm das nicht viel nutzt! Daß Amor offenbar ständig danebenschießt, ist auch nicht gerade hilfreich.

Betrachten wir die rechtliche Situation der Anfänge.

„Wer ein Kind unbekannter Abstammung findet, hat die zuständige Behörde zu benachrichtigen", so heißt es in Art. 72^1 ZStV[87]. Don Frollo muß also seinen Fund melden. Diese Behörde „gibt dem Findelkind Familiennamen und Vornamen und erstattet die Anzeige an das Zivilstandsamt" (Art. 72^2 ZStV). Dann heißt das nichtsahnende Bübchen hinfort also „Quasimodo Münster" oder so ähnlich.

Die Anzeige muß sämtliche Details enthalten, nicht nur den genauen Fundort, sondern auch „Zeit und Umstände der Auffindung, das Geschlecht des Findelkindes, sein vermutliches Alter, körperliche Kennzeichen und die Beschreibung der beim Findelkind vorgefundenen Kleider und übrigen Gegenstände" (Art. 72^3 ZStV). Diese Angaben - außer jenen über Klamotten und sonstige Beilagen - werden in das Geburtsregister eingetragen.

So, damit existiert er auch rechtlich.

Wer sorgt für ihn?

Dazu Art. 330 ZGB:„^{1} Findelkinder werden von der Gemeinde unterhalten, in der sie eingebürgert worden sind.

---

[87] „...und diese hat dem Zivilstandbeamten Anzeige zu machen", so lautete Absatz 2 des ab 1.1.2000 wegrationalisierten Art. 46 ZGB

² Wird die Abstammung eines Findelkindes festgestellt, so kann diese Gemeinde die unterstützungspflichtigen Verwandten und in letzter Linie das unterstützungspflichtige Gemeinwesen zum Ersatz der Auslagen anhalten, die sein Unterhalt ihr verursacht hat".

Nebst einem Namen erhält Findelkind Quasimodo also auf jeden Fall was zu essen, was zum Anziehen und ein Dach überm Kopf. Künftige Rentenzahler darf man doch nicht verkommen lassen!

Wie sieht Don Frollos rechtliche Beziehung zu ihm aus?

Da Quasimodo die ersten 18 Jahre seines Lebens unmündig ist und sich die Inhaber der elterlichen Sorge nicht ausfindig machen lassen, gehört er gemäß Art. 368 ZGB unter Vormundschaft. Jemand muß schließlich Verantwortung für ihn übernehmen und seine Interessen wahren, so lange er das noch nicht selber kann. Art. 367¹ ZGB: „Der Vormund hat die gesamten persönlichen und vermögensrechtlichen Interessen des unmündigen oder entmündigten Bevormundeten zu wahren und ist dessen Vertreter".

Die Vormundschaftsbehörde hat eine mündige Person zu wählen, „die zu diesem Amte geeignet erscheint", die Vormundschaft kann aber auch von mehreren Personen gemeinsam geführt werden (Art. 379 ZGB). Don Frollo kann also die Vormundschaft alleine führen, kann sich für diese Aufgabe jedoch mit anderen zusammentun.

Das läßt sich durchaus mit einem Pflegekindverhältnis kombinieren. Ob er dem Kleinen nun selbst die Windeln wechselt oder dergleichen in-natura-Fürsorgetätigkeiten lieber in Auftrag gibt, ist seine Entscheidung. Sobald sein Mündel erwachsen ist, ist seine Aufgabe ohnehin beendet.

Ließe sich denn auch ein Kindesverhältnis herstellen?

Das Kindesverhältnis zum Vater entsteht, wie wir bereits betrachtet haben und in Art. 252 ZGB nachlesen können, durch

- Ehe mit der Kindsmutter
- Anerkennung
- den Richter (Vaterschaftsklage!)
- Adoption.

Abgesehen davon, daß Don Frollo als katholischer Geistlicher schonmal nicht verheiratet sein kann, fällt bei genauem Hinsehen auf, daß
für die ersten drei genannten Rechtsgrundlagen erst einmal das
Kindesverhältnis zur Mutter festgestellt sein müßte, und dies liegt
schon per definitionem bei einem Findelkind nicht drin. Sonst wär´s
ja keins (mehr). Wer anerkennen will, muß schließlich angeben können,
mit wem er die einschlägigen Vorbereitungshandlungen durchgeführt
hat, die üblicherweise 40 Wochen bzw. neun Monate vor einer Geburt
stattfinden. Auf Feststellung der Vaterschaft können gemäß Art. 261
ZGB nur Mutter und Kind klagen; erstere müßte sich dafür erstmal
outen, womit das Kindesverhältnis zu ihr geklärt wäre.

Eine **Adoption** wäre grundsätzlich möglich, sofern Don Frollo mindestens 35 Jahre alt und Quasimodo mindestens 16 Jahre jünger ist
(Art. 264b und Art. 265 ZGB). Er kann aber auch einfach gemäß Art.
316 ZGB bei der Vormundschaftbehörde um Bewilligung zur Auf-
nahme von **Pflegekindern** ersuchen. Dann hätte er Anspruch auf ein
angemessenes Pflegegeld (Art. 294 ZGB). Wenn sich nach Jahren die
Eltern endlich mal melden würden, um ihn Hals über Kopf zu sich zu
nehmen, könnte ihnen die Vormundschaftbehörde untersagen, Quasimodo einfach so aus seiner neuen Heimat herauszureißen (Art. 310[3]
ZGB).

Blick über die Grenzen

Schauen wir diesmal in zweifacher Hinsicht in ein anderes Gebiet,
nämlich erstens nach Österreich, zweitens ins Schuldrecht:

Wäre Quasimodo aufgrund einer schuldhaften schädigenden Handlung verunstaltet worden und lebte er in Österreich, müßte ihm der Haftpflichtige nebst dem üblichen Schadenersatz auch eine Entschädigung „wegen verminderter Heiratsaussichten" leisten.

Im Zusammenhang mit Schadenersatz bei Körperverletzung lesen wir nämlich in § 1326 ABGB: „Ist die verletzte Person durch die Mißhandlung verunstaltet worden, so muß zumal wenn sie weiblichen Geschlechtes ist, insofern auf diesen Umstand Rücksicht genommen werden, als ihr besseres Fortkommen dadurch verhindert werden kann". Gilt natürlich nicht ausschließlich für Frauen, sondern auch für Männer!

Ansprüche aus § 1326 ABGB bestehen **zusätzlich** zu jenen auf Schadenersatz und Genugtuung aus § 1325 ABGB. Im Kommentar dazu heißt es: „Die Herabsetzung der Heiratsfähigkeit ist ein Nachteil, der gewissermaßen im Grenzbereich zwischen materiellem und immateriellem Schaden liegt. Man kann eine Heirat mit der Rsp als Möglichkeit auffassen, die Gesamtlage zu verbessern"[88]. Für Verheiratete ist logischerweise der Zug von § 1326 ABGB bereits abgefahren! Allerdings gibt´s auch da Ausnahmen.

---

[88]Schwimann, Michael (Hrsg.): <u>Praxiskommentar zum ABGB samt Nebengesetzen.</u> 2. Auflage, Wien 1997 (p. 317).
Dort ist auch eine ausführliche Aufzählung der Rechtsprechung zu finden.
Was als Verunstaltung im Sinne von § 1326 ABGB gilt, ist aufgeführt bei Dittrich, Robert und Tades, Helmuth: <u>Das Allgemeine bürgerliche Gesetzbuch</u> samt den einschlägigen Gesetzen und Verordnungen, verweisenden und erläuternden Anmerkungen, Literaturangaben und einer Übersicht über die Rechtsprechung der Gerichte, insbesondere des Obersten Gerichtshofes. Wien 1994. (p. 1868ff)
Herzlichen Dank an Prof. Dr. Gustav Wachter von der Universität Innsbruck, der meine Zweifel an der Ernsthaftigkeit von § 1326 ABGB nahm, indem er mir diese beiden Texte übermittelte!

"Bella gerant alii, tu felix Austria nube" - das ist nicht anderes als die klassische Version von "make love, not war"; in einem Land, wo man mit Heiraten schon Kriege verhindert hat, ist man natürlich besonders verpflichtet!

Ein paar Beispiele aus der Rechtsprechung:

Abgelehnt wurden Ansprüche einer 56jährigen Toilettenfrau wegen Verlust eines Beines. Makabere Begründung: keine Behinderung des besseren Fortkommens.

10´000 Schilling erhielt ein 19jähriger unverheirateter Mann wegen Verlustes sämtlicher Zähne sowie Narben im Gesicht.

60´000 Schilling gab es für Gleichgewichts- Gang- und Sprachstö-rungen und starke Gewichtszunahme bei einem 19jährigen, ebensoviel für eine 28jährige Ärztin, die zahlreiche Narben im Gesicht, Verlust mehrerer Zähne und Beeinträchtigung des Affektverhaltens davon-trug.

Eine komplette Querschnittslähmung brachte einem 20jährigen Mann 100´000, einem 16Jährigen 200´000, in einem anderen Fall ohne Alters- und Geschlechtsangabe 250´000 Schilling.

Zum Schluß

So, hiermit wäre mein familienrechtlicher Rundflug beendet.

Time to say good-bye.

Beim Schreiben ist mir immer wieder ein merkwürdiges Phänomen begegnet, beim Lesen wird´s nicht anders sein: je mehr es ins juristische Detail geht, desto trockener und humorloser wird´s. Ich hab versucht, die beiden Waagschalen „Belehrung" und „Erheiterung" gleichmäßig zu füllen, und ich hoffe, daß die Mischung für Sie stimmt.

In diesem Rahmen konnten natürlich nur die groben Züge erläutert werden. Ich habe gewissermaßen nur da gefegt, wo der Pfarrer läuft. Blaise Pascal ist der Ansicht: „Puisqu´ on ne peut pas être universel et savoir tout ce qui peut se savoir sur tout, il faut savoir peu de tout. Car il est bien plus beau de savoir quelque chose de tout que de savoir tout d´une chose"[89]. Wer einen Eindruck über das Ganze hat, kann sich die Details zu individuellen Gegebenheiten immer noch dazuholen. Wenn Sie weitere Fragen haben oder eine persönliche Beratung suchen, hilft Ihnen eine Anwältin oder ein Anwalt gerne weiter.

Wenn´s nach mir ginge, dürften Fragen des Familien- und Erbrechts für den gewöhnlichen Steuerzahler sowieso kein Tabu mehr sein, und eine juristische Information und Beratung wäre Pflichtprogramm vor einer Heirat. Vorbeugen ist besser - und wesentlich billiger! - als Heulen. Zum Arzt geht man ja auch nicht nur wenn man krank ist, sondern auch um sich impfen zu lassen. Meiner Erfahrung nach würden viele Probleme bei rechtzeitiger sachlicher Information gar nicht erst entstehen. Aber auf mich hört ja keiner. Ich kann hier nur - auf hoffentlich vergnügliche Art - das Pferd zum Wasser führen; trinken muß es selbst.

---

[89]Pensées sur l´ésprit XXXVII

Literatur

Advocatus diaboli: <u>Das OR-Dschungelbuch</u>. Skriptenkommission der Universität St.Gallen (3. Ausg. 1999)

Al-Sultan, L. und Rieck, J.: <u>Ehen über Grenzen.</u> Liebe allein reicht nicht - Tips für den Ehevertrag. München Zürich 1994

Aldeeb, Sami: <u>Mariages entre partenaires suisses et musulmans.</u> Connaître et prévenir les conflits. 3me édition, revue et reménagé mai 1998. Institut de droit comparé, Dorigny, Lausanne.
Auch in deutscher Sprache: <u>Gemischte Ehen zwischen Schweizern und muslimischen Ausländern.</u> Herausforderungen angesichts von Normenkonflikten. Schweizerisches Institut für Rechtsvergleichung, Lausanne 1996

Bergmann, Alexander und Ferid, Murad (Hrsg.): <u>Internationales Ehe- und Kindschaftsrecht</u>. Verlag für Standesamtswesen GmbH, Frankfurt/Main
    Ecuador (1990)
    Iran (1983)
    Kenia (1992)
    Marokko (1995)
    Senegal (1991)
    Tunesien (1996)

Blasius Multibibus: <u>Jus Potandi oder Zechrecht.</u> Druck der Ausgabe von 1616. Luchterhand 1997

Denger, Fred: <u>Der Große Boss</u>. Das Alte Testament. Unverschämt fromm neu erzählt von Fred Denger. Frankfurt/Main

<u>Der Koran.</u> Aus dem Arabischen übersetzt von Max Henning. Einleitung und Anmerkungen von Annemarie Schimmel. Stuttgart 1960

Dittrich, Robert und Tades, Helmuth: <u>Das Allgemeine bürgerliche Ge-</u>

setzbuch samt den einschlägigen Gesetzen und Verordnungen, verweisenden und erläuternden Anmerkungen, Literaturangaben und einer Übersicht über die Rechtsprechung der Gerichte, insbesondere des Obersten Gerichtshofes. Wien 1994

Duderstadt, Jochen: Was Paare ohne Trauschein über ihre Rechte wissen müssen. Düsseldorf 1997

Geiser, Thomas: Aspects juridiques de la transsexualité. Section suisse de la CIEC/Office fédéral de la justice (Hrsg.): Mélanges édités à l'occasion de la 50ème Assemblée générale de la CIEC, Neuchâtel 1997, S. 33 - 46

Hollerbach, Eugen: Vater Rhein erzählt seine Sagen. Pulheim (ohne Jahresangabe)

Ludwig Bechstein, Brüder Grimm, Wilhelm Hauff: Deutsche Märchen. 265 Märchen und Sagen. Knaur, München 1954

Mörike, Eduard: Das Stuttgarter Hutzelmännlein. (darin enthalten „Die Historie von der Schönen Lau"). Stuttgart 1970

Rieck, Jürgen: Die Rolle des Islam bei Eheverträgen mit einem nichtmoslemischen Ehepartner, in: Ebert, Hans-Georg (Hrsg.) Beiträge zum Islamischen Recht. Peter Lang Europäischer Verlag der Wissenschaften 2000

Schwander, Ivo: Einführung in das Internationale Privatrecht. Zweiter Band/ Besonderer Teil. St. Gallen/ Lachen SZ 1997

Schwimann, Michael (Hrsg.): Praxiskommentar zum ABGB samt Nebengesetzen. 2. Auflage, Wien 1997